Der Gold-Standard für OER-Materialien

ein Kompendium für die professionelle Erstellung von Open Educational Resources (OER)

ISBN: 9789403613987

© 2020 Verlag ZLL21 e.V.
Schmilinskystraße 45, 20099 Hamburg
Einige Rechte vorbehalten

Produktionsteam: Blanche Fabri, Jessica Flecks, Nurhan Koruca, Phuong Nguyen, Agentur J&K – Jöran und Konsorten
Hintergrundgrafik für den Umschlag und Einzelgrafiken vor jedem Abschnitt: Jula Henke, Agentur J&K – Jöran und Konsorten
Satz: Nurhan Koruca und Phuong Nguyen, Agentur J&K – Jöran und Konsorten
Umschlaggestaltung: Jula Henke, Agentur J&K – Jöran und Konsorten

Blanche Fabri, Gabi Fahrenkrog, Jöran Muuß-Merholz (Hrsg.)

Der Gold-Standard für OER-Materialien

ein Kompendium
für die professionelle Erstellung
von Open Educational Resources (OER)

für mehr Offenheit

Inhalt

Warum ist es Zeit für einen Gold-Standard für OER?

Es gibt schon viele Anleitungen, Leitfäden, HowTos, Tipps-und-Tricks für die Erstellung und Veröffentlichungen von Materialien als Open Educational Resources (OER). Warum braucht es da noch eine weitere Variante, die wir zudem als „Gold-Standard" bezeichnen?

Wir verfolgen mit dieser Veröffentlichung zwei Ziele:

1. Wir wollen ein Kompendium spezifisch nach Materialarten bieten. Zwar gibt es für viele Formate schon eigene Leitfäden, aber längst nicht für alle. So sind beispielsweise die Kapitel zu Spielen, zu Making oder zu Podcasts die ersten grundlegenden Beschreibungen in ihrem Feld.
2. Die bereits vorhandenen Anleitungen orientieren sich in der Regel an einem pragmatischen Niveau, also an einer Umsetzung, bei der der OER-spezifische Aufwand verhältnismäßig niedrig bleibt. Wir orientieren uns nicht an einem pragmatischen Standard, sondern am bestmöglichen, am vorbildlichen, eben am Gold-Standard.

Warum braucht die Welt einen Gold-Standard?

Für die Veröffentlichung von OER verändern sich um das Jahr 2020 herum die Rahmenbedingungen. Ein Indiz dafür ist beispielsweise die UNESCO Recommendation zu OER, die auch der Bundesregierung nahelegt, jährlich über (herausragende) OER-Aktivitäten zu berichten. Andere Anzeichen sind die neuen Förderlinien für OER an Hochschulen in mehreren Bundesländern oder die länderübergreifenden Aktivitäten für OER-Portale im Bereich Schule. In diesen Zusammenhängen werden bei immer mehr Projekten und Institutionen Personalstellen explizit dafür geschaffen, dass sie unter anderem als OER-Berater*innen fungieren. Menschen werden für OER-Expertise bezahlt – das ist neu.

Zu diesem Zeitpunkt ist es hilfreich, dass es nicht nur (mit der Betonung auf „nur"!) pragmatische Unterstützungsangebote gibt, sondern gerade die Multiplikator*innen und die möglichen Vorzeigeprojekte um den bestmöglichen Standard wissen. Sie können (und werden) sich dann immer noch an einem pragmatischen Niveau orientieren. Aber wenn sie gar nicht um die optimalen Möglichkeiten wissen, können sie nicht den gesamten Spielraum für OER ausnutzen.

Gleichzeitig kann ein dokumentierter Gold-Standard auch als Katalog für Forderungen auf Policy-Ebene dienen. Wenn in Zukunft die öffentliche Hand oder andere Organisationen Menschen dafür bezahlen, dass sie professionell OER erstellen, dann sollte auch ein professioneller Standard existieren, auf den als Maßstab verwiesen werden kann.

Wer die Gold-Standards kennenlernt, wird erkennen, dass damit häufig (nicht immer!) ein erhöhter, manchmal sehr deutlich erhöhter Aufwand verbunden ist. Um es deutlich zu sagen: Wir erwarten nicht, dass alle Lehrende an Hochschulen sich in der Zukunft am Gold-Standard orientieren. Aber diejenigen, die bezahlt und professionell OER erstellen oder anderen dabei beraten, müssen um diesen Standard wissen.

An manchen Stellen wurde in der redaktionellen Arbeit deutlich, dass noch wenige Erfahrungen mit der Erstellung und Veröffentlichung als OER besteht, die den Titel „Gold-Standard" verdienen. Insofern wissen wir, dass die aktuellen Beschreibungen eine Momentaufnahme sind und der Gold-Standard kein fixer Maßstab ist, sondern sich mit der Zeit weiterentwickelt – nicht von alleine, sondern durch alle, die praktisch an OER arbeiten und ihre Erkenntnisse dazu teilen. Insofern freuen wir uns über Rückmeldungen und Weiterentwicklungen zu dieser Arbeit!

Hamburg, im Dezember 2020

Jöran Muuß-Merholz, Gabi Fahrenkrog, Blanche Fabri

Eine Frage spezieller Werkzeuge – Der Gold-Standard zur Veröffentlichung von Arbeitsblättern und interaktiven Übungen als OER

Susanne Friz, Nele Hirsch, Thomas Hoyer, Christina König, Oliver Tacke

Es gibt unterschiedliche Möglichkeiten, um Arbeitsblätter und interaktive Übungen digital zu erstellen. Anhand von Glitch, H5P und tutory machen die Autor*innen deutlich, wie der bestmögliche Standard, der Gold-Standard für Arbeitsblätter und interaktive Übungen, aussehen sollte.

Der Gold-Standard für Arbeitsblätter als OER, Grafik: Jula Henke, Agentur J&K – Jöran und Konsorten für OERinfo, Informationsstelle OER, CC BY 4.0.

Einleitung

Mit Arbeitsblättern können Lehrende Inhalte und Aufgaben zur Bearbeitung an Lernende weitergeben, um ihnen Lernen im eigenen Tempo und selbständiges Üben zu ermöglichen. Zusätzliche Möglichkeiten wie verschiedene Übungsvarianten oder automatisierte Rückmeldung erhalten Lehrende, wenn sie interaktive Übungen oder andere Anwendungen erstellen.

Beide Formen, Arbeitsblätter und interaktive Übungen, bringen Besonderheiten als und für OER mit sich, die andere Formate nicht in dieser Form aufweisen.

Arbeitsblätter und interaktive Übungen als OER

Besonderheiten

Es gibt unterschiedliche Möglichkeiten, um Arbeitsblätter und interaktive Übungen digital zu erstellen. Lehrende können Arbeitsblätter prinzipiell mit gängiger Software zur Text- und Bildbearbeitung anfertigen. Einfacher wird es jedoch mit besonderer Software. Bei interaktiven Übungen ist man grundsätzlich auf spezielle Werkzeuge angewiesen. Vor diesem Hintergrund spielt die verwendete Software eine besondere Rolle. Ihre Bedeutung im Rahmen eines Gold-Standards wird in diesem Beitrag daher hervorgehoben.

Das ideale OER für Arbeitsblätter und interaktive Übungen

Fasst man Arbeitsblätter und interaktive Übungen als Bündel von Medienbausteinen wie Texten, Bildern, Tonaufnahmen (vgl. S. 53) oder Videos (vgl. S. 79) auf, ergeben sich viele Kriterien für ideale OER schon aus deren Eigenschaften. Da beim Erstellen von Arbeitsblättern und dem Erstellen und Nutzen interaktiver Inhalte die verwendete Software eine große Rolle spielt, konzentriert sich der folgende Abschnitt auf deren wünschenswerte Merkmale.

Created by Angga Febri Prasetyo P.
from Noun Project

Document, Grafik: Angga Febri Prasetyo, CC BY 4.0.

In den Definitionen zu OER wird ausdrücklich gefordert, die Materialien sollten kostenfrei zugänglich[1] sein. Diese Forderung lässt sich direkt auf Werkzeuge übertragen, mit denen OER erstellt werden. Die Argumentation ist dieselbe wie bei den Materialien selbst: Wenn das Verwenden von Werkzeugen Geld kostet, grenzt dies finanzschwache Personen aus. Infolgedessen könnte deren Aufwand zum Erstellen von OER steigen. Die Forderung nach kostenfreiem Zugang zu OER bzw. Werkzeugen schließt dennoch nicht aus, dass die Erstellung mit Kosten verbunden ist. Um gleichzeitig kostenfreien Zugang und Finanzierbarkeit zu ermöglichen, gibt es zahlreiche Modelle, etwa:

- Spenden/Patenschaften,
- Freemium-Modelle mit kostenfreien Basisversionen und kostenpflichtigen Versionen mit mehr Möglichkeiten oder
- Gemischte Lizenzen, bei denen nur nicht-kommerzielle Nutzung kostenlos ist.

Neben der Kostenfreiheit gehört zu OER eine *offene Lizenz*, die das Anpassen und Weitergeben gestattet. Dasselbe sollte für den Quelltext der Werkzeuge gelten. Dritte können dann Fehler beheben, Funktionen erweitern etc. Da die Verfügbarkeit von Quelltext allein selten garantiert, dass ihn Programmierer*innen zügig verstehen, sind weitere Angebote erforderlich.

Das können sein:

- Online-Diskussionskanäle für die Kommunikation mit den Hauptentwickler*innen der Software,
- Beschreibungen und Dokumentationen von Schnittstellen oder
- Veranstaltungsformate wie z. B. Konferenzen für den Austausch untereinander.

An die offene Lizenzierung des Quelltextes schließt sich die Verwendung *offener Standards* an. Um Nutzung und Remix in anderen Programmen nicht zu erschweren, sollten Werkzeuge keine proprietären, patentierten oder undokumentierten Dateiformate ausgeben. Offene Standards ermöglichen zudem, Werkzeuge auf verschiedenen Betriebssystemen oder in verschiedenen Browsern verfügbar zu machen. Positive Beispiele sind z. B. HTML5[2] und JavaScript[3] (wie etwa auf learningapps.org[4]) statt Adobe-Flash[5], wie bei älteren Produkten.

> ### Extra
> *Sind die zuvor genannten Kriterien erfüllt, ergibt sich fast automatisch, dass Nutzer*innen die Hoheit über die damit erstellten Inhalte haben. Sie können bspw. ohne Lock-In-Effekt[6] frei über die Dateien verfügen.*

Um die Medien im Netz auffindbar zu machen und die Verbreitung der Materialien zu vergrößern, sollten die Werkzeuge das *Erstellen und Exportieren von Metadaten* erlauben, die sich an den üblichen Standards der Bildungsserver[7] (PDF) ausrichten. Dazu gehören zumindest: Titel, kurze Beschreibung, Lernressourcen-Typ, Schlagworte, Fach- und Sachgebiet, Bildungsbereich und Lizenz.

Um größtmögliche Freiheit zu gewährleisten, sollten Werkzeuge auf *eigener Infrastruktur* betrieben werden können. Das kann ein für sich stehender Rechner sein, aber auch ein eigener Webserver. Andernfalls besteht die Gefahr, ohne eigenes Verschulden den Zugriff auf die Werkzeuge und gegebenenfalls auf damit erstellte Inhalte zu verlieren. Positive Beispiele sind etwa H5P[8] oder LibreOffice Online[9], die beide auf eigenen Servern installiert werden können.

Möchte man OER(-Werkzeuge) möglichst vielen Menschen zugänglich machen, sollte *Barrierefreiheit* nicht ausgeklammert werden. Zu den Dingen, die zu berücksichtigen sind, zählen etwa:

- Inhalte lassen sich von blinden und sehbehinderten Menschen mit Vorlesewerkzeugen zur Texterkennung nutzen,
- Knöpfe werden ausreichend groß dargestellt, so dass motorisch Beeinträchtigte sie anklicken können oder
- Videos können mit Untertiteln ausgeliefert werden.

Zu einem Gold-Standard gehört ferner eine *hohe Bedienfreundlichkeit* der Software. Insbesondere muss das Werkzeug ohne weitergehende Technik-Kenntnisse (z. B. eigenen HTML-Code schreiben zu müssen) nutzbar sein. Eine Ausnahme hiervon sind Werkzeuge, die spezifisch für den Kontext der Programmierung oder den Erwerb von Digital Literacies[10] gestaltet sind. Eine gewünschte Mitarbeit bei der Programmierung erfordert dann aber weitergehende Kenntnisse.

Die No-Go's bei Arbeitsblättern und interaktiven Übungen

Werkzeuge zur Erstellung und Bearbeitung von Arbeitsblättern und interaktiven Übungen entsprechen nicht den Anforderungen an Offenheit im Sinne des Gold-Standards, wenn

- keine Unterstützung für Urheberrechtsangaben im fertigen Material geboten wird
- keine kostenfreie Erstellung und Nutzung möglich ist.

Lizenzierung

Bei Arbeitsblättern und interaktiven Aufgaben kann es vorkommen, dass verschiedene Inhalte aus mehreren Quellen kombiniert werden. Werkzeuge sollten daher eine entsprechende Unterstützung bei der Verwaltung von Lizenzangaben bieten. Das kann ermöglicht werden, indem Urheberrechtshinweise direkt an verwendete Einzelbestandteile angebracht werden und entsprechende Angaben für den gesamten Inhalt gemacht werden können. Ideal ist eine automatische Generierung von Lizenzhinweisen sowie Überprüfung der gewählten Lizenzkombinationen.

> **Der „ist okay"-Standard**
> *Abweichend vom Gold-Standard ist es vertretbar, wenn:*
>
> - *ein Werkzeug nicht Open-Source-Software oder nicht auf eigener Infrastruktur lauffähig, aber ohne funktional vergleichbare Alternative ist,*
> - *ein Werkzeug nicht direkt das Einpflegen von Metadaten unterstützt, es aber Umgehungslösungen erlaubt,*
> - *ein Werkzeug ist nicht gänzlich barrierefrei ist, aber auch niemanden komplett von der Nutzung ausschließt.*

Offene und empfehlenswerte Werkzeuge für Arbeitsblätter und interaktive Übungen

Zur Erstellung von Arbeitsblättern ist tutory[11] als kollaborativer Arbeitsblatteditor weit verbreitet. Bei den interaktiven Übungen ist H5P am bekanntesten als Open-Source-Software zum Erstellen von interaktiven Inhalten für das Web. Speziellere Herausforderungen können über die Plattform Glitch[12] gelöst werden. Sie lässt sich am besten als Coding- und Remix-Plattform charakterisieren. Diese drei Werkzeuge erfüllen die Kriterien des dargestellten Gold-Standards am ehesten, wenngleich nicht vollständig und genügen ihm daher nicht. Da sie aber sehr praktikabel und „okay" sind, stellen wir sie hier ausführlicher vor.

Produktion/Erstellung

Glitch

Glitch ist ein Code-Editor, mit dem man individuelle interaktive Übungen erstellen oder remixen kann. Interpretiert man eine Sammlung von mehreren interaktiven Übungen als Arbeitsblatt, sind auch diese damit erstellbar. Glitch ist geeignet, wenn man einen Blick auf den Code einer Anwendung ermöglichen und Hemmschwellen zum Schreiben von Code abbauen will. Alle Anwendungen können kopiert, weiterbearbeitet, angepasst und neu veröffentlicht werden. So sind auch ohne Programmierkenntnisse schnelle Erfolgserlebnisse beim Remixen von Spielen, Quiz-Formaten, Timern etc. möglich.

H5P

H5P bietet eine Reihe von Aufgabenformaten wie Quizzes, interaktive Videos oder Diktate, die kombiniert auch als Arbeitsblatt aufgefasst werden können. Je nach Aufgabentyp erfolgt das Erstellen von Übungen mit H5P über Formulare, die man Schritt für Schritt ausfüllt, oder über auf den speziellen Aufgabentyp zugeschnittene grafische Editoren. Das ist meist sehr einfach.

tutory

Das erste Erstellen eines Arbeitsblatts mit tutory ist selbsterklärend und benötigt für Alltägliches keine längere Einarbeitung. Die einzelnen Teile eines Arbeitsblatts, wie z. B. Überschrift, Tabelle oder QR-Code, können aus einem Baukasten direkt auf das Blatt gezogen werden. Schnell lässt sich so ein übersichtliches Arbeitsblatt erstellen.

Bearbeitung

Glitch

Erstellte Anwendungen auf Glitch lassen sich entweder direkt auf der Plattform veröffentlichen oder exportieren und dann lokal auf dem Rechner weiter bearbeiten. Der Bearbeitungsmodus auf der Plattform ermöglicht kollaboratives Arbeiten.

H5P

Einmal erstellte Inhalte können stets weiter bearbeitet werden. Das betrifft sowohl eigene wie fremde Inhalte. Dank des Rückgriffs auf offene Formate kann man die Inhalte zur Not sogar mit einem Texteditor verändern.

tutory

Arbeitsblätter und Teile davon können jederzeit weiter bearbeitet werden, allerdings nur online in tutory selbst. Man kann sein Arbeitsblatt für sich selbst als PDF-Datei herunterladen. Privat abspeichern kann man in der kostenlosen Version maximal sechs Arbeitsblätter. Weitere müssen öffentlich als OER geteilt werden.

Veröffentlichung

Glitch

Die Veröffentlichung und Nutzung von Glitch-Anwendungen ist für den Online-Kontext gedacht. Die Anwendungen können auch in andere Coding-Plattformen wie Github[13] exportiert bzw. heruntergeladen und z. B. auf der eigenen Website veröffentlicht werden.

H5P

H5P ist für den Einsatz im Web konzipiert. Aufgaben werden sowohl auf einer Website erstellt wie auch durch Lernende verwendet. Das erfordert eine Internetverbindung. Das Erstellen und Nutzen von H5P ohne eine Internetverbindung wird nur durch die zusätzliche, ebenfalls kostenlose Software LUMI[14] ermöglicht.

tutory

Arbeitsblätter werden können auf der Plattform unbegrenzt veröffentlicht und geteilt werden. Erstellte Dokumente können in Wikis, Moodle-Plattformen und WordPress-Blogs eingebunden werden. Allerdings lassen sich die Arbeitsblätter auch als PDF-Dateien speichern und offline nutzen.

Nachnutzung

Glitch

Glitch-Anwendungen können standardmäßig remixt und weiterbearbeitet werden. Zudem wird eine Funktion zum Einbetten von Inhalten angeboten.

H5P

H5P-(Teil-)Inhalte können innerhalb des Editors kopiert und an anderer Stelle eingefügt werden. Fertige Inhalte können heruntergeladen und auf anderen Systemen weiterverwendet werden. Auch ist es möglich, die Aufgaben von einer Website per iframe[15] in eine andere einzubetten. Das Ausdrucken von Inhalten ist nicht möglich und ergibt vielfach auch keinen Sinn.

tutory

Jeder Baustein kann innerhalb des Editors kopiert und an anderer Stelle eingefügt werden. Ebenfalls kann man nach einzelnen Bausteinen eigener oder fremder Arbeitsblätter suchen. Fertige Arbeitsblätter und Lösungsblätter können als PDF-Dateien heruntergeladen und ausgedruckt werden.

Kollaboration bei Arbeitsblättern und interaktiven Übungen

Collaboration, Foto: M. Sanhuezacelsi
(https://www.flickr.com/photos/msanhuezacelsi/9940935154/), CC BY 2.0.

Kollaboration beim Erstellen von Arbeitsblättern und interaktiven Übungen kann sowohl synchron als auch asynchron stattfinden. In der synchronen Form werden Inhalte zeitgleich erstellt und dann veröffentlicht. In der asynchronen Form wird auf die erstellten Inhalte von anderen aufgebaut und diese für den eigenen Lehrkontext angepasst. Der Fokus von H5P und tutory liegt auf der asynchronen Kollaboration. Bei Glitch kann auch synchron zusammengearbeitet werden.

Eine kollaborative Nutzung durch Lernende ist oft nicht vorgesehen, da die Formate vorrangig zum Üben und Selbstlernen konzipiert sind. Für H5P ist jedoch eine Erweiterung in Entwicklung, mit der kollaborativ zu bewältigende Aufgaben möglich werden. Bei Glitch ist Kollaboration bei der Nutzung abhängig von der jeweils erstellten Web-Anwendung.

---

[1] https://en.unesco.org/themes/building-knowledge-societies/oer

[2] https://de.wikipedia.org/wiki/HTML5

[3] https://de.wikipedia.org/wiki/JavaScript

[4] https://learningapps.org/

[5] https://de.wikipedia.org/wiki/Adobe_Flash

[6] https://de.wikipedia.org/wiki/Lock-in-Effekt

[7] https://www.bildungsserver.de/elixier/elixier.pdf

[8] https://h5p.org/

[9] https://www.libreoffice.org/download/libreoffice-online/

[10] https://en.wikipedia.org/wiki/Digital_literacy

[11] https://tutory.de/

[12] https://glitch.com/

[13] https://github.com/

[14] http://lumi.education/

[15] https://de.wikipedia.org/wiki/Iframe

Wissensspeicher für die Sammlung verschiedener Formate – Der Gold-Standard zur Veröffentlichung von OER in Form von Blogs und Webseiten

Sigrid Fahrer, Nele Hirsch, Oliver Tacke

Blogs und Webseiten werden oft noch gar nicht als Format für OER wahrgenommen. Dabei eignen sie sich hervorragend dafür, Lehr- und Lerninhalte zu verbreiten und dabei verschiedene Medienformate bereitzustellen. Worauf es ankommt, um Blogs und Webseiten unter dem Gold-Standard für OER zu veröffentlichen, haben Sigrid Fahrer, Nele Hirsch und Oliver Tacke zusammengefasst.

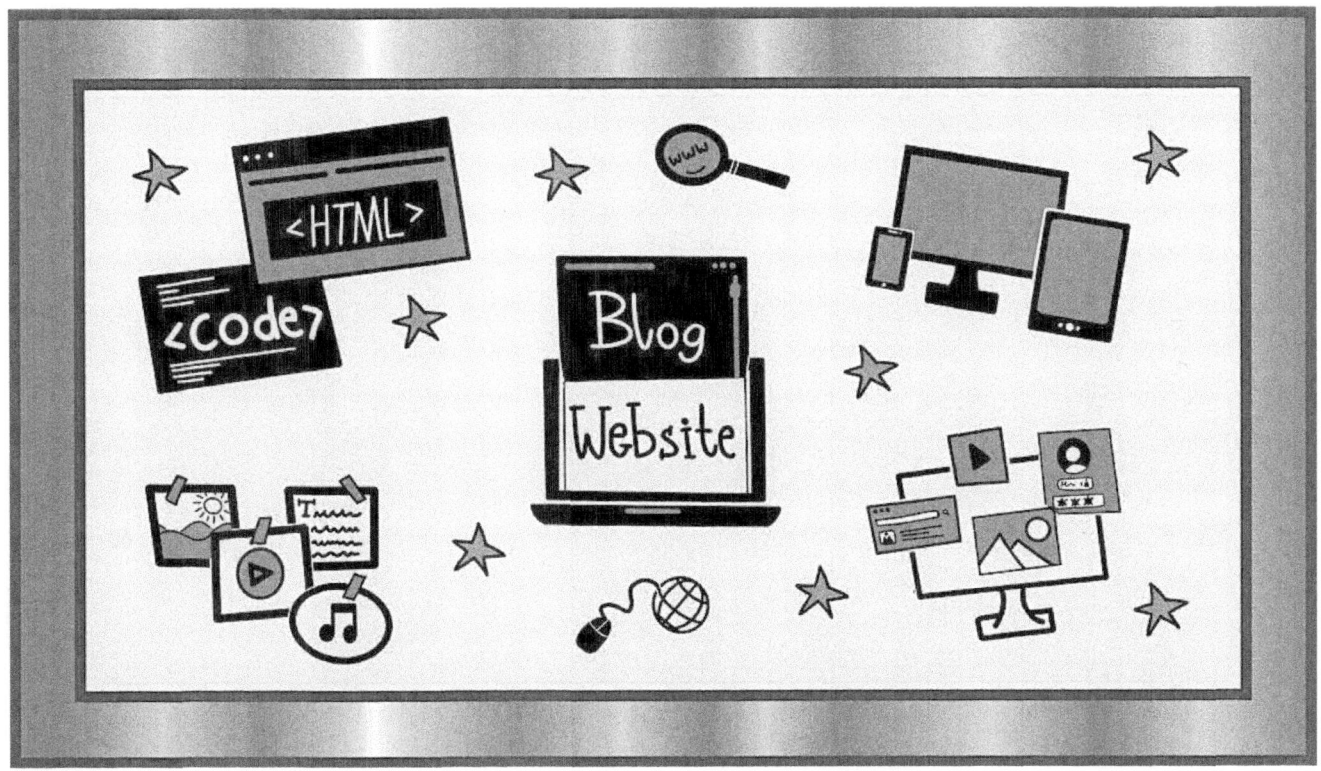

Der Gold-Standard für Blogs und Webseiten als OER, Grafik: Jula Henke, Agentur J&K – Jöran und Konsorten für OERinfo, Informationsstelle OER, CC BY 4.0.

Einleitung

Blogs und Webseiten als OER haben in unterschiedlichen Lern- und Lehrszenarien ihren Platz. Als Wissensspeicher können dort Informationen als Text, Video, Audio und Bild zu Lerngegenständen gesammelt werden. Als Dokumentationswerkzeuge begleiten sie Lernprozesse und eignen sich zum Festhalten von Projektergebnissen, zum Führen von Lerntagebüchern oder Kursabläufen. Ihr volles Potenzial entfalten sie im projektorientierten Unterricht, in dem Lehrende und Lernende kollaborativ an Themen und Materialien arbeiten. Blogs und Webseiten machen dies von ihrer technischen Seite her leicht möglich. Die gemeinsam befüllten Webseiten und Blogs mit freien Lizenzen zu versehen, hat – wie für OER allgemein – den großen Vorteil, dass Wissen geteilt, verbreitet, erweitert und nachgenutzt werden kann.

Blogs und Webseiten als OER

Das gibt es zu beachten

Blogs und Webseiten können über viele verschiedene Arten entstehen, z. B. über Content-Management-Systeme[1] oder als statische Seiten. Man kann sie auf einem eigenen oder gemieteten Server installieren oder ein gehostetes Angebot nutzen. Wer sie als freie Lehr- und Lernmaterial nutzen möchte, kommt nicht umhin, sich in die Technik einzuarbeiten. Content-Management-Systeme geben den Nutzenden zwar Hilfestellungen, aber dennoch muss man Zeit investieren, um sich mit der Oberfläche vertraut zu machen. Bei statischen Webseiten ist der Aufwand zur Einarbeitung häufig noch größer. Dafür sind die Server-Voraussetzungen hier geringer und die Wartung unkomplizierter.

Webseiten und Blogs sind multimedial gedacht: Texte (vgl. S. 71), Videos (vgl. S. 79), Audio (vgl. S. 53), Bilder (vgl. S. 27), Arbeitsblätter (vgl. S. 3) zum Download, interaktive Elemente etc. können veröffentlicht werden. Das bedeutet, dass der Goldstandard für jedes Format an sich ebenfalls zu beachten ist. Bei der Integration von Inhalten, die andere erstellen, z. B. beim Einbetten von Inhalten oder bei Gastbeiträgen, sind diese als solche zu kennzeichnen und eine Lizenzierung muss gut abgeklärt werden. Für Gewerbetreibende können darüber hinaus schon Verlinkungen problematisch sein. Sie müssen dafür Sorge tragen, nicht auf Inhalte zu verlinken, die widerrechtlich öffentlich gemacht wurden.

Wordpress.com, Website bearbeiten, Screenshot, nicht unter freier Lizenz

Wichtig ist, den Inhalt von Blogs und Webseiten als OER auffindbar zu machen. Dies geschieht über maschinenlesbare Daten, die in den Quellcode eingefügt werden, sowie über Methoden der

Suchmaschinenoptimierung. Auch sollten die Inhalte zur Nachnutzung bereitgestellt werden, idealerweise als Download in einem Format, das eine Weiterbearbeitung erlaubt. Bestandteile der Blogs oder Webseiten selbst können unter freier Lizenz zur Nachnutzung stehen, wie z. B. der Code für das Design.

Das ideale OER für Blogs und Webseiten

Idealerweise stehen die gesamten Webseiten, das gesamte Blog und alle Inhalten unter freien Lizenzen. Darüber hinaus werden Blog und Webseiten als technische Systeme so bereitgestellt, dass sie kopiert, remixt und bearbeitet werden können. Das geschieht über offen lizenzierte Content-Management-Systeme und HTML-Vorlagen. Auch alle Inhalte werden so integriert, dass sie nachgenutzt werden können in Form von: Texte (vgl. S. 71), Fotos (vgl. S. 27), Tonaufnahmen (vgl. S. 53), Videos (vgl. S. 79) oder interaktive Aufgaben (vgl. S. 3).

Blogs erlauben es normalerweise, dass Besucher*innen Kommentare zu den Inhalten

Kuddelmuddel-Beispielseite bei OERinfo, Screenshot, nicht unter freier Lizenz.

hinterlassen. Idealerweise werden Kommentator*innen dazu animiert oder sogar verpflichtet, ihre Beiträge unter eine freie Lizenz zu stellen. Im Blog von Jörn Loviscach etwa müssen Kommentator*innen explizit bestimmte Nutzungsrechte einräumen. Analog ließe sich ein Bestätigungsfeld nutzen, das den Kommentar (optional) unter eine freie Lizenz stellt.

Nach dem Gold-Standard sollten alle Inhalte möglichst barrierefrei sein, um Personen mit Beeinträchtigungen wie Hör- oder Sehschwächen nicht auszugrenzen. Bestenfalls sind Texte so verfasst, dass sie zugänglich für Menschen mit Leseschwächen sind.

Die No-Gos bei Blogs und Webseiten

Lizenzkuddelmuddel: Nichts ist nerviger, als wenn auf dem Blog oder der Webseite Inhalte, die OER sind, unkommentiert neben Inhalten, die geschützt sind, stehen. Wenn z. B. der Text des Blogs frei lizenziert, der eingebettete Film aber urheberrechtlich geschützt ist, ebenso wie die zum Download bereitstehenden Arbeitsblätter, sollte das mehr als deutlich gekennzeichnet sein und nicht nur unter dem jeweiligen Inhalt stehen.

Inhalte unter Verschluss: Die Inhalte lassen sich nicht weiterbearbeiten und remixen, weil es keine Downloadmöglichkeiten gibt. Das ist bspw. der Fall, wenn interaktive Inhalte (vgl. S. 3) nicht zugänglich gemacht werden, obwohl dies möglich ist, oder wenn Videos ohne Link zur Videodatei eingebettet sind.

Lizenzierung

Empfehlenswert ist es, den gesamten Blog oder die gesamten Webseiten mit einer freien Lizenz zu versehen. Das eignet sich besonders gut, wenn alle Inhalte aus einer Hand stammen. Der Lizenzhinweis kann im Impressum angebracht werden und sollte für die Maschinenlesbarkeit in jeder Unterseite eingefügt werden. Ansonsten gelten die Lizenzierungsbedingungen für jeden einzelnen Inhalt, also für Bild, Text, Video etc. Lizenz-Kuddelmuddel kann so schnell entstehen. Deshalb sollte zusätzlich zur Lizenzierung unter den Einzelteilen auf jeder Unterseite und jedem Blogbeitrag ein Lizenzkasten stehen, der alle Elemente auf dieser Seite aufführt.

Weiterhin müssen Blogs und Webseiten verpflichtend eine Datenschutzerklärung und ein Impressum haben. Tipps und Tricks dazu gibt es bei irights.info[2].

Offene und empfehlenswerte Werkzeuge für Blogs und Webseiten

Für einfache, eher statische Seiten ist HTML5 UP![3]empfehlenswert. Dabei handelt es sich um ansprechend gestaltete Vorlagen für Webseiten, deren Quelltext unter einer Creative-Commons-Lizenz verfügbar ist und sich mit grundlegenden HTML-Kenntnissen den eigenen Bedürfnissen anpassen lässt. Mit Blick auf die spätere Bearbeitung bietet es sich an, die Webseite auf GitLab Pages[4] verfügbar zu machen.

Das bekannteste Werkzeug für das Erstellen von Blogs ist WordPress[5]. WordPress ist eine quelloffene Software, die sehr einfach auf eigenen Servern installiert werden kann. Alternativ kann man kostenpflichtig vorinstallierte Pakete[6] verwenden. Durch zahlreiche Designvorlagen und Erweiterungen kann man WordPress seinen eigenen Bedürfnissen anpassen. Dazu zählen etwa Bildergalerien, Podcastverwaltung (vgl. S. 53) oder interaktive Aufgaben mit H5P (vgl. S. 3).

Produktion/Erstellung

Das Erstellen von Inhalten mittels HTML5 UP! funktioniert typischerweise über Kopieren, Einfügen und Bearbeiten von bestehenden Inhalten aus der Vorlage innerhalb eines Texteditors. Für das Einfügen von Bildern, Tondateien oder Videos sind mitunter aber grundlegende HTML-Kenntnisse nötig, um bspw. die Größe oder Positionierung anpassen zu können.

WordPress bietet zum Erstellen von Inhalten einen Editor, bei dem man sofort sieht, wie die fertige Seite später aussieht. Medien lassen sich über die grafische Benutzeroberfläche einfügen und komfortabel verschieben, skalieren etc.

Bearbeitung

Das Bearbeiten von Inhalten funktioniert bei HTML5 UP! und WordPress letztlich wie das Erstellen selbst. GitLab Pages bietet hier verschiedene Möglichkeiten, um gemeinsam Seiten zu verändern, frühere Versionen wiederherzustellen etc.

Bei WordPress gibt es über mehrere Nutzer*innenkonten die Möglichkeit, Inhalte kooperativ zu bearbeiten. Wird ein Inhalt bearbeitet, erhalten andere einen entsprechenden Hinweis, um Konflikten vorzubeugen.

Veröffentlichung und Auffindbarkeit

Bei der Veröffentlichung ist es sowohl bei HTML5 UP! als auch bei WordPress sinnvoll, auf die Auffindbarkeit der Seiten durch Suchmaschinen zu achten. Diese Suchmaschinenoptimierung ist ein Thema für sich. Als Faustregel gilt hierbei, dass die Seiten sowohl für Menschen als auch für Maschinen gut zugänglich sein müssen, denn darauf achten Suchmaschinen.

Für Menschen heißt das bspw., dass Texte mit Absätzen strukturiert sind und Bilder enthalten, auf Barrierefreiheit für Menschen mit Beeinträchtigungen geachtet wird, dass die Seiten zügig laden und auf allen Bildschirmgrößen gut nutzbar sind.

Zugänglichkeit für Maschinen bedeutet, dass zusätzlich strukturierte und maschinenlesbare Informationen hinterlegt sind, die von Suchmaschinen gefunden werden können. Speziell für OER-Inhalte können bspw. die Lizenzangaben über die „Creative Commons Rights Expression

Language[7]" hinterlegt werden. Für andere Metadaten gibt es weitere Formate[8]. Das klingt komplizierter als es ist: Es gibt Editoren, die bei der Erstellung helfen, z. B. der Skohub-Editor[9], der für Bildungsmaterialien und OER die passenden Felder hat.

Nachnutzung

Die Nachnutzung ist bei Nutzung einer statischen Seite, etwa auf Basis von HTML5 UP!, sehr einfach. Speziell dann, wenn die Seite auf GitLab Pages oder vergleichbaren Plattformen veröffentlicht wurde, kann der gesamte Inhalt einfach heruntergeladen oder gar direkt weiterverwendet werden.

Bei Seiten, die WordPress nutzen, ist in der Regel selektives Kopieren und Einfügen problemlos möglich, allerdings gehen dabei gegebenenfalls Metadaten verloren. Zumindest für WordPress-Instanzen, die keine besonderen Erweiterungen nutzen, lassen sich alle Beiträge auch komplett exportieren und dann auf anderen WordPress-Instanzen nachnutzen. In der Regel muss dieser Export aber von Administrator*innen erfolgen und kann nicht durch Besucher*innen selbst angestoßen werden.

Speziell in WordPress bietet es sich bei der Nachnutzung an, die voreingestellten Pingbacks[10] nicht zu deaktivieren, die eine besondere Funktion erlauben: Wird ein Beitrag in einem WordPress-Blog von einem anderen WordPress-Blog verlinkt, erscheint automatisch unterhalb des Ursprungsbeitrag ein Kommentar mit einem Link auf den referenzierenden Beitrag. Besucher*innen erhalten dadurch die Möglichkeit, weitere Informationen oder Sichtweisen auf das Thema des Beitrags zu erhalten.

Beispiele

- OERinfo: Die Informationsstelle Open Educational Resources[11] nutzt WordPress für ihre Inhalte.
- OER-Workflow: Die Webseite von Nele Hirsch zur Erstellung von OER ist mit HTML5[12] UP! erstellt.

Kollaboration bei Blogs und Webseiten

Beim Bearbeiten von Blogs und Webseiten ist die Zusammenarbeit grundsätzlich möglich. Sie erfolgt in der Regel jedoch nicht zeitgleich an einem Artikel wie etwa in einem Etherpad. Allenfalls die zeitgleiche Arbeit an unterschiedlichen Artikeln ist möglich.

Innerhalb von WordPress können existierende Beiträge von allen mit der entsprechenden Berechtigung verändert werden. Während eine Person an einem Beitrag arbeitet erhalten andere Personen mit einem Bearbeitungswunsch einen entsprechenden Warnhinweis. Dadurch soll Bearbeitungskonflikten aus dem Weg gegangen werden.

Bei statischen Webseiten hängt die konkrete Handhabung von der verwendeten Veröffentlichungsplattform ab. Im einfachsten Fall werden Dateien direkt auf dem Webserver bearbeitet. Es besteht dann allerdings die Gefahr, dass mehrere Personen zeitgleich an einer Datei arbeiten und sich gegenseitig ihre Änderungen überschreiben. Vermieden wird dies bei Verwendung von Versionsverwaltungssoftware wie „git", die namensgebend für die Plattform GitLab[13] war und dort im Hintergrund läuft. Sofern mehrere Personen dieselben Dateien verändern, aber an unterschiedlichen Stellen, führt git die Änderungen zusammen. Kommt es doch zu konfligierenden Änderungen, weist git darauf hin, und die Konflikte müssen beseitigt werden. Zudem wird es möglich, über sogenannte Pull Requests Außenstehenden die Möglichkeit zur Mitwirkung zu geben. Diese können Änderungen damit nicht direkt in Dateien schreiben, aber vorschlagen und um die Integration bitten. Wird als Code-Editor die offene Remix-Plattform Glitch[14] genutzt, lassen sich HTML-Dateien auch kollaborativ bearbeiten.

---

[1] https://de.wikipedia.org/wiki/Content-Management-System

[2] https://irights.info/

[3] https://html5up.net/

[4] https://docs.gitlab.com/ee/user/project/pages/

[5] https://wordpress.org/

[6] https://de.wordpress.com/

[7] https://wiki.creativecommons.org/images/d/d6/Ccrel-1.0.pdf

[8] https://schema.org/

[9] https://skohub.io/

[10] https://de.wikipedia.org/wiki/Pingback

[11] https://open-educational-resources.de/

[12] https://oerworkflow.de/

[13] https://about.gitlab.com/

[14] https://glitch.com/

Der Gold-Standard für das vielleicht unterschätzteste Format: Präsentationsfolien als OER

Lambert Heller, Jöran Muuß-Merholz, Nele Hirsch

Es ist gängige Praxis, Vortragsfolien weiterzugeben, zu remixen und sie neu zu veröffentlichen. Durch welche Maßnahmen es möglich ist, Präsentationsfolien unter dem bestmöglichen, dem Gold-Standard für OER, zu erstellen und zu veröffentlichen, das beschreiben Lambert Heller, Nele Hirsch und Jöran Muuß-Merholz.

Der Gold-Standard für Präsentationsfolien als OER, Grafik: Jula Henke, Agentur J&K – Jöran und Konsorten für OERinfo, Informationsstelle OER, CC BY 4.0.

Präsentationsfolien als OER

Einleitung

Präsentationsfolien wie Powerpoint, Keynote & Co. sind vielleicht das unterschätzteste Medienformat, wenn es um Open Educational Resources (OER) geht. Hier liegt großes Potential für Offenheit und Nachnutzung. Denn bei Folien ist es gang und gäbe, sie ständig neu zusammenzustellen (also zu remixen) und sie an andere weiterzugeben oder zu veröffentlichen (also zu teilen). Durch freie Lizenzen können diese Praktiken deutlich erleichtert und verbreitet werden.

Gleichzeitig sind Folien ein Format, das sich für den Umgang mit freien Lizenzen relativ klar strukturieren lässt. Denn sie bestehen in der Regel aus unterschiedlichen Bausteinen, die miteinander kombiniert werden – und für die man sich aus unterschiedlichen Quellen bedienen kann. Damit hat man zwar bisweilen viele, aber in der Regel klar unterscheidbare Bausteine.

Das Format als OER

Besonderheiten bei Folien

Eine wesentliche Eigenschaft von Foliensätzen ist die Modularität. Folien lassen sich auf drei Ebenen als Bausteine sehen, die sich miteinander kombinieren lassen:

1. Ein Foliensatz, also eine Präsentation, von denen man mehrere kombinieren kann, z. B. für eine Vorlesungsreihe.
2. Einzelne Folien, die sich als Bausteine zu einem Foliensatz kombinieren lassen.
3. Einzelne Elemente, die sich auf einer Folie kombinieren lassen, zum Beispiel Textblöcke, Grafiken, Fotos, Tabellen oder Videos.

Zoom, Foto: Jean Baptiste (via Flickr), CC BY-SA 2.0.

Das OER-typische Remixen liegt im Wesen der Arbeit mit Folien. Es ist üblich und ganz einfach, für einen neuen Foliensatz verschiedenen Folien zusammenzuziehen und für eine neue Folie verschiedene Elemente zusammenzusetzen. Diese hohe Kombinierbarkeit bedeutet umgekehrt auch eine hohe Trennbarkeit. Einzelne Folien oder einzelne Elemente lassen sich nach Belieben wieder entfernen oder ersetzen.

Dabei ist es gängige Praxis, dass man nicht nur auf Bausteine zugreift, die man selbst erstellt hat, sondern auch auf Inhalte Dritter. Beispielsweise übernimmt eine Dozentin die Folien einer Kollegin als Ausgangsmaterial und gestaltet daraus ihren eigenen Foliensatz. Oder sie nutzt zur Illustration ein Foto, das sie im Netz gefunden hat. Oder sie integriert eine Abbildung oder Tabelle aus einem Buch. Oder sie zeigt im Rahmen der Folien ein kurzes Video.

Will man allen urheberrechtlichen Vorgaben gerecht werden, sind solche Übernahmen und Veränderungen aufwändig, kompliziert, in einer Grauzone oder schlicht nicht gestattet. (Man kann vermuten, dass ein Großteil der Nutzung im Graubereich eher zur dunkelgrauen Seite tendiert.) Hier kommt die Stärke von OER zum Zuge – denn frei lizenzierte Inhalte sind ja genau dafür gemacht, dass man urheberrechtlich einfacher und sicherer arbeiten kann.

Das ideale OER für mein Format

Folien erstellen

Folien sollten wie alle OER mit Programmen und Diensten erstellt werden, deren Einsatz keine zusätzlichen Hürden darstellt. Üblicherweise werden dafür Freie Software und offene Dateiformate als Kriterien herangezogen.

Bei Folien zeigt sich eine Schwäche dieser Definitionen. Denn proprietäre Software (zum Beispiel PowerPoint[1]) und semi-offene Dateiformate (zum Beispiel pptx-Dateien) sind hier so stark etabliert, dass alternative Software (z. B. LibreOffice[2] oder SlideWiki[3])und offene Formate (z. B. odp-Dateien) für viele Nutzer*innen de facto eine höhere Hürde darstellen. Vor diesem Hintergrund gibt es bei der Erstellung nicht das eine, ideale Tool zur Erstellung von Folien.

Folien bereitstellen

Bei der Bereitstellung von Folien können zwei Ziele konkurrieren: Komfort in der Darstellung einerseits und die Möglichkeiten zur weiteren Bearbeitung andererseits. Das erste Ziel führt dazu, dass Folien gerne im pdf-Format oder in eingebetteten Viewern bereitgestellt werden – damit können Folien komfortabel betrachtet, aber nicht gut nachgenutzt werden.

Favourite Presentation, Grafik: Deepz, CC BY 4.0.

Das Problem lässt sich einfach lösen: Man kann Folien in mindestens zwei Fassungen bereitstellen – zum einen optimiert für die Darstellung (z. B. als pdf), zum anderen bereit zu weiteren Bearbeitung (z. B. als pptx).

Folien barrierefrei gestalten

Um eine inklusive Nutzung, beispielsweise für Menschen mit einer Sehbehinderung zu ermöglich, sollten Folien nach den Grundsätzen der Barrierefreiheit gestaltet werden. Dazu gehören beispielsweise die Entscheidung für eine große, kontrastreiche Schrift, keine animierten Übergänge, keine Bedeutung durch Farbgebung, das Festlegen einer Lesereihenfolge und das konsequente Verwenden von Beschriftungen bzw. Alternativtexten für Bilder, Grafiken und Diagramme. Wenn Folien weitere Medienarten enthalten, sind auch deren spezifische Eigenschaften betroffen, man denke zum Beispiel an Videos mit alternativen Audiospuren.

Für die praktische Umsetzung empfiehlt sich eine Webrecherche, bei der man die Suchbegriffe „barrierefrei gestalten" mit dem Namen der verwendeten Software kombiniert, also zum Beispiel „Powerpoint barrierefrei gestalten" oder „Google Slides barrierefrei gestalten".

Folien offen und maschinenlesbar lizenzieren

Für die Auswahl der Lizenz empfiehlt sich bei Folien noch mehr als ohnehin schon eine Lizenz mit möglichst wenigen Auflagen, also CC BY oder CC0. Bereits die beliebte Lizenz CC BY-SA kann für Unklarheiten und Schwierigkeiten in der Nachnutzung sorgen, beispielsweise wenn man ein Foto als Hintergrundgrafik nutzt und entsprechend eine Vermischung von Lizenzen erfolgen kann.

Um Maschinenlesbarkeit der Lizenz zu gewährleisten, ist die Art und Weise der Veröffentlichung wichtig, auf die weiter unten eingegangen wird.

Die No-Go's bei meinem Format

Die besten Möglichkeiten, um die Nutzung von OER als Folien zu erschweren, sind:

- Man veröffentlicht die Folien nur (!) im PDF-Format.
- Es gibt zwar Lizenzhinweise, aber diese sind nicht eindeutig konkreten Inhalten zuzuordnen. Beispielsweise wird auf der ersten oder letzten Folie einfach eine Lizenz genannt, aber es ist nicht klar, worauf genau diese sich bezieht.
- Man nutzt eine Lizenz, deren Auflagen die Bearbeitung unmöglich machen (z. B. CC BY-ND) oder hohe Hürden setzen (z. B. CC BY-SA).

Lizenzierung

Für die Lizenzierung von Folien kann unterschieden werden in drei verschiedene Fälle:

1. einzelne Elemente wie Texte, Abbildungen, Videos etc.
2. der Foliensatz als Gesamtwerk
3. Zitate

zu 1. Für jedes einzelne Element sollte ein Lizenzhinweis vorhanden sein. Das kann zum Beispiel in einem schmalen Streifen am unteren Rand der Folien geschehen. Eine gesammelte Darstellung auf einer gesonderten Folien z. B. am Ende des Foliensatzes ist möglich, aber nicht empfehlenswert, da so beim Neuzusammenstellen von Folien und Elemente Lizenzhinweise leicht „verloren gehen". Für die Formulierung empfiehlt sich eine Orientierung an der TULLU-Regel[4].

zu 2. Auch wenn ein Foliensatz sich aus den einzelnen Elementen zusammensetzt, so ist er doch mehr als die Summe seiner Teile und somit eine eigenständige schöpferische Leistung. Deswegen muss auch für das Gesamtwerk eine Lizenz vergeben werden. Häufig fallen die Zusammenstellung von Inhalten und die Texte auf den Folien zu einem Werk zusammen. Eine bewährte Formulierung dafür lautet z. B.: *„Der Foliensatz insgesamt und seine Texte stehen als Gesamtwerk unter der Lizenz... Einzelne Elemente wie Grafiken, Abbildungen etc. sind eigenständig lizenziert."*

Business Presentation, CC0 1.0.

Ein Graubereich besteht bei der Frage, ab wann das Layout eines Foliensatzes einen urheberrecht-lichen Schutz und damit eine eigenständige Lizenzierung erfordern kann. Wer ein Layout selbst er-stellt, kann im Zweifelsfall mit einem entsprechenden Hinweis für Klarheit sorgen, z. B.: *„Das Layout der Folien kann keinen urheberrechtlichen Schutz beanspruchen und ist für Zweifelsfälle im Sinne von CC0 freigegeben."*

zu 3. Wer in seinen Folien Zitate (auch Bildzitate) nutzt, kann sich unabhängig von freien Lizenzen auf das Zitatrecht nach §51 UrhG[5] berufen. Ein Zitat fällt also nicht unter eine freie Lizenz, was auch durch einen entsprechenden Hinweis deutlich gemacht werden sollte. Eine Formulierung dafür kann zum Beispiel lauten: *„Die verwendeten Zitate Dritter stehen nicht unter freier Lizenz. Sie kön-nen also nur zusammen mit diesem Werk verbreitet werden, solange eine Auseinanderung damit im Sinne von des Zitatrechts nach §51 UrhG gegeben bleibt."*

Übrigens: Symbole können oft als Emojis[6] oder andere Unicode-Zeichen[7] statt über eingebundene Bilddateien dargestellt werden. Unicode-Zeichen können indiziert und von Screenreadern erkannt werden, sie sind zudem gemeinfrei. Auch das „Creative Commons"-Symbol sowie die CC-Bausteine ab Unicode Version 13[8] werden als Zeichen zur Verfügung gestellt.

Offene und empfehlenswerte Tools für Folien

Erstellung und Bearbeitung

Für die Erstellung und Bearbeitung von Foliensätzen gibt es unterschiedliche Programme und damit verbundene Dateiformate, die jeweils eigene Vor- und Nachteile in Sachen Offenheit haben. Einige Tools werden im Folgenden exemplarisch dargestellt:

	Vorteile in Sachen Offenheit	Nachteile in Sachen Offenheit
Microsoft Office (.pptx)	• PowerPoint ist der de-facto-Standard für Folien. • Auch andere Programme können das .pptx-Format öffnen.	• Formal erfüllt das .pptx-Format nicht die höchsten Ansprüche an Offenheit. Für eine reibungslose Nachnutzung braucht es Microsoft-Produkte.
Libre Office (.odp)	• Das .odp-Format gehört zu den quelloffenen OpenDocument-Standards für Bürodokumente. • Für die Nachnutzung ist man nicht an bestimmte Hersteller gebunden.	• In der Praxis verfügen viele Nutzer*innen über keine Erfahrungen mit dem Format.
Google Slides	• Durch die Nutzung im Browser ist keine eigene Software-Installation notwendig. • Foliensätze können einfach kopiert und zusätzlich in verschiedenen Formaten exportiert werden.	• Google Slides selbst ist kein quelloffenes / frei-lizenziertes Tool.
SlideWiki	• Ein auf Offenheit und Teilen hin optimiertes Tool.	• Die Nutzung von SlideWiki braucht eine gewisse Einarbeitung bzw. Umstellung. • Die Usability ist nicht optimal.

Veröffentlichung

Werden Folien innerhalb eines Online-Angebots wie Google Slides[9] oder SlideWiki[10] erstellt, sind sie über diesen Weg auch direkt veröffentlichbar. Etwaige spätere Überarbeitungen oder Probleme mit diesem einen Online-Speicherplatz machen es oft jedoch nachträglich schwer, auf die tatsächlich in einem Vortrag verwendeten Folien zuzugreifen oder sie nachzunutzen. Vor diesem Hintergrund sollten die tatsächlich vorgetragenen Folien vor dem Vortrag einmalig in ein offenes Online-Archivsystem, wie etwa Zenodo[11], exportiert werden. Das hat zusätzlich den Vorteil, dass dabei weitere maschinenlesbare Attribute mit den Folien, z. B. Creative-Commons-Lizenz oder verwechslungssichere Identifikatoren für die beteiligten Urheber (ORCID[12]), verknüpft werden können.

Wenn zur Erstellung Offline-Anwendungen verwendet werden, können die fertigen Folien wie andere OER auch z. B. auf der eigenen Website oder in einem Repository veröffentlicht werden. Für Maschinenlesbarkeit sollte die Gesamtlizenz des Foliensatzes dann zusätzlich auf der jeweiligen Website angegeben und hierfür mit dem Creative Commons Licence Chooser erstellt werden.

Kollaboration bei Folien

Neben der vorgestellten Plattform SlideWiki gibt es für die verbreiteten Office-Pakete (Microsoft 365 mit PowerPoint, Google Docs mit Slides, Apples Keynote) jeweils Cloud-Dienste, die kollaboratives Erstellen und Bearbeiten von Foliensätzen ermöglichen.

> *Extra: Alternatives Vorgehen am Beispiel von CodiMD*
>
> *Der Artikel beschreibt die klassische Form der Gestaltung von Folien. Die alternative Gestaltung sieht vor, Folien nicht direkt als Folien zu erstellen, sondern die Präsentation aus einer hierfür gestalteten Datei zu generieren.*
>
> *Aus OER-Perspektive ist insbesondere das Tool CodiMD[13] (bzw. in der proprietären Version HackMD[14]) für diese Herangehensweise relevant. Das Tool verfügt über einen Editor und einen integrierten Präsentationsmodus. Mit einem Klick lässt sich zwischen bearbeitbarer Datei und Präsentation hin- und herschalten. Geschrieben wird in der vereinfachten Formatierungssprache Markdown. Über das Teilen des Links zum Editor kann – ähnlich wie bei einem Etherpad – kollaborativ gearbeitet werden.*
>
> *CodiMD ermöglicht auf diese Weise einfaches Teilen und Remixen von Markdown-Dateien, die zugleich als Folien präsentiert werden können. Die Veröffentlichung kann ebenfalls direkt über die jeweilige CodiMD-Installation erfolgen. Auch ist Barrierefreiheit gesichert, da die Markdown-Datei von Screenreadern unabhängig von der Präsentation gelesen werden kann.*

Danksagung

Einige Benutzer*innen von Twitter haben unverzichtbare Anregungen für diesen Artikel gegeben. (vgl. die Antworten auf diesen Tweet[15])

Einige Gedanken, die im Artikel aufgegriffen werden, wurden kollaborativ in einem Workshop beim OERcamp 2017 entwickelt. Diese sind – natürlich – in einem offenen Foliensatz[16] nachzulesen.

---

[1] https://de.wikipedia.org/wiki/Microsoft_PowerPoint

[2] https://de.wikipedia.org/wiki/LibreOffice

[3] https://slidewiki.org/

[4] https://open-educational-resources.de/oer_materialien/oer-leichtgemacht-mit-der-tullu-regel/

[5] https://dejure.org/gesetze/UrhG/51.html

[6] https://de.wikipedia.org/wiki/Emoji

[7] https://de.wikipedia.org/wiki/Unicode

[8] https://unicode.org/versions/Unicode13.0.0/

[9] https://docs.google.com/presentation/u/0/

[10] https://slidewiki.org/

[11] https://zenodo.org/

[12] https://de.wikipedia.org/wiki/ORCID

[13] https://codimd.org/

[14] https://hackmd.io/

[15] https://twitter.com/Lambo/status/1248978987310874633

[16] https://www.joeran.de/powerpoint-fuer-oer/

Der Gold-Standard für OER für ein häufig verwendetes Format – Das Foto

Richard Heinen, Gabi Fahrenkrog

Fotos werden sehr häufig in Bildungsmaterialien verwendet. Der Bedarf an Fotos unter freier Lizenz, die man für die eigene Materialien verwenden darf, ist daher groß. Was beachtet werden sollte, damit Fotos als OER unter dem besten Standard, dem Gold-Standard, veröffentlicht werden, beschreiben Richard Heinen und Gabi Fahrenkrog.

Der Gold-Standard für Fotos als OER, Grafik: Jula Henke, Agentur J&K – Jöran und Konsorten für OERinfo, Informationsstelle OER, CC BY 4.0.

Einleitung

Fotos sind wichtige Elemente vieler offener Bildungsmaterialien. Als Datei oder als Format für sich allein werden sie aber eher selten als OER verwendet. Sie bedürfen der Einbettung in einen Lernkontext. Fotos sind Bausteine, die in sehr vielen OER Verwendung finden. Dabei haben sie oft „nur" erläuternden oder dekorativen Zweck. Anschauliche OER beinhalten oft viele Fotos. Der Bedarf an frei verfügbaren Fotos ist daher groß.

Das Format Foto als OER

Über das Format Foto als OER Bescheid zu wissen ist vor allem deshalb wichtig, weil Fotos und Grafiken zur Illustrierung von Sachverhalten sehr häufig in offenen Bildungsmaterialien verwendet werden. Auch wenn es oft gut geht, es zu keiner Abmahnung wegen Urheberrechtsverstößen kommt, gilt für die Verwendung von Fotos oder Grafiken aus dem Internet: Ohne die ausdrückliche Erlaubnis des/der Rechteinhaber*in dürfen Fotos und Grafiken in der Regel nicht für eigene Zwecke (nach-) genutzt und veröffentlicht werden.

Wie in so vielen Fällen kann eine freie CC-Lizenz[1] da Abhilfe schaffen. Die Diskussion, wie frei und offen diese Lizenz sein sollte, wird bei OER immer wieder gerne diskutiert. Im Sinne des Gold-Standards gilt: Damit es für den Bildungsbereich handhabbar wird, ist eine möglichst freie Lizenz (CC0) der Idealfall. Eingeschränkt wird das nur, wenn der künstlerische Aspekt in den Vordergrund tritt.

Wohin mit der Lizenz

Ein Problem mit der CC-Lizenz bei Fotos ist die Frage: Wohin damit? Wenn ich das Foto in eine Webseite einbinde und die Lizenz mit den erforderlichen Links unter oder neben das Foto setze, dann geht die Lizenz verloren, sobald jemand das Foto separat abspeichert. Die Idee, die Lizenz im Alternativtext im HTML-Code unterzubringen, hilft bei dem Problem nicht weiter, hat aber den Charme einer dem Foto zugeordneten maschinenlesbaren Lizenz. Es muss also ein Weg gefunden werden, wie die Lizenz fest mit dem Foto verbunden werden kann. (Mehr zur Frage, wie ein Lizenzhinweis anzubringen ist, gibt es im Video „Creative Commons Lizenzen und ihre korrekte Verwendung[2].“)

Drei Optionen für das Anbringen von Lizenzhinweisen bieten sich an, die alle ihre Vor- und Nachteile haben.

Option 1: Ein Wasserzeichen. Die Lizenz wird als Grafik in das Bild integriert. Damit ist sie recht fest mit dem Bild verbunden, stört aber auch. Zudem ist sie ggf. nicht mehr zu entfernen. Das kann durchaus nötig werden, wenn ein Derivat eine andere Lizenz erhält.

Option 2: Eine „Bauchbinde" am unteren Rand des Bildes auf dem die Lizenz abgebildet wird. Das hat den Vorteil, dass hier nicht unbedingt auf Schönheit geachtet werden muss und die Lizenz mit dem Link auf den Lizenztext abgebildet werden kann.

Beispiel für Foto mit Wasserzeichen von Richard Heinen, in Darktable generiert, CC BY 4.0. (Diese Form ist nicht schön und eher unüblich. Das Beispiel soll vor allem den Sachverhalt verdeutlichen.)

Foto mit Bauchbinde von Richard Heinen, CC BY 4.0.

Die Gefahr hierbei: Beim Bearbeiten in der Nachnutzung geht der Balken verloren und damit auch der Lizenzhinweis.

Option 3: Die Metadaten. In eine Grafikdatei kann man, zusätzlich zur notwendigen Lizenzangabe am Bild, auch Metadaten schreiben. Üblicherweise enthalten diese Angaben zur Kamera, zur Blenden- und Zeiteinstellung und zum Objektiv. Je nach Kamera können auch Geodaten über den Standort hinzukommen. Viele Bildbearbeitungs- und Bildarchivierungsprogramme hinterlegen hier auch Tags[3], die bei der Verwaltung von größeren Bildmengen hilfreich sein können. In diese Metadaten, die üblicherweise im exif-Format[4] vorliegen, kann man auch den Lizenztext einschreiben. So ist der Lizenztext fest mit dem Foto verbunden und kann mit geeigneter Software bearbeitet werden.

Caption	Musterbild OER-Goldstandard
Orientation	Normal
Software	darktable 3.0.2
Creator	Richard Heinen
Copyright	CC by Richard Heinen http://creativecommons.org/licenses/by/4.0
Color Space	sRGB
Date	2020-06-03 14:07:11 (no TZ)

Abb. 3: Tabelle Metadatensatz des Fotos von Abb. 1, mit EXIF-Reader ausgelesen

Und was ist nun der Goldstandard? Die Anforderung wäre: Die Lizenz ist a) für das menschliche Auge und b) für Maschinen lesbar, zudem ist die Lizenz fest mit dem Bild verknüpft. Also brauchen wir eine Kombination aus Option 1 oder 2 mit Option 3. Wobei Option 2 den Charme hat, den Link zum Lizenztext zu enthalten.

Die ideale Lizenz für mein Foto

Die Frage, welche Lizenz man für ein Foto wählt, ist – wie bei jedem anderen Format als OER – nicht leicht zu beantworten und es gelten alle Argumente, die für offene Lizenzen sprechen[5], natürlich auch für Fotos. Ein paar Gedanken kann man sich dabei aber schon machen.

Für OER, also für Bildungsmaterialien, werden oft Fotos gebraucht, die einfache Gegenstände darstellen. Für den Fremdsprachenunterricht brauchen wir Fotos von Lampen, Tischen, Tassen und anderen Gegenständen oder Dingen. Im Mathematik-Unterricht sind oft Formen gefragt. Es geht also um Fotos, die sich leicht herstellen lassen und die auch nicht aufwändig bearbeitet werden müssen, die aber schnell und sehr einfach eingesetzt werden können. Als offen im Sinne der Open-Definition[6] gelten für OER die Lizenzen CC0[7], CC BY[8] und CC BY-SA[9]. Für den Gold-Standard wären diese drei Lizenzen geeignet.

Die No-Go's bei meinem Format

Eine Pfeife ist eine Pfeife. Aber wenn der Künstler René Magritte sie malt, dann ist es nicht nur eine Pfeife, sondern ein Kunstwerk und dies unterliegt dem Urheberrecht, auch wenn ich es abfotografiere.

Lebende Personen haben außerdem Recht am eigenen Bild[10]. Fotografiere ich eine Person, die nicht nur „schmückendes Beiwerk" ist oder die nicht nur eine unter Vielen in einer Menschenmenge ist, sollte ich sie fragen, ob sie damit einverstanden ist, dass das Bild (als OER) veröffentlicht wird.

Und schließlich kann man auf Fotos wunderbar den Datenschutz verletzen. Man stelle sich einfach mal das Foto von dem Bierdeckel, auf den man gestern Abend in der Kneipe eine Telefonnummer geschrieben hat, auf Instagram vor.

Kein richtiges „No Go", aber zumindest nur eingeschränkt, kann die Nutzung von Fotos empfohlen werden, die über Dienste wie Pixabay oder Unsplash bereitgestellt werden. Warum sich die Fotos von diesen Plattformen nicht für die Verwendung als Open Content eignen, wird von den Experten bei iRights[11] beschrieben.

> *Extra: Der „ist okay"-Standard*
>
> *Ein vertretbarer Kompromiss zum Gold-Standard ist:*
>
> *Eine Produktion/Bearbeitung mit proprietärer Software und daraus resultierende – auch nicht proprietäre – Dateiformate, solange sie mit gängigen Programmen bearbeitet bzw. abgespielt werden können (Bsp.: Format JPEG oder PNG).*
>
> *Die Nutzung frei verfügbarer Fotos von Plattformen, die Bilder nicht unter einer Creative Commons-Lizenz bereitstellen (Bsp.: Pixabay oder Unsplash).*
>
> *Eingeschränkungen bei der Offenheit der Lizenz (CC BY-ND), wenn bei einem Foto der künstlerische Aspekt in den Vordergrund tritt und aus diesem Grund keine Veränderungen erwünscht sind.*

Offene und empfehlenswerte Tools für Fotos als OER

Produktion/Erstellung

Je nach Nutzungsszenario und künstlerischem Anspruch sind die Ansprüche an Bildbearbeitung sehr unterschiedlich. Seitdem Smartphones immer bessere Kameras haben, werden Fotos auch immer häufiger direkt auf dem Smartphone bearbeitet. Da ist es dann mit offenen Tools nicht mehr weit her.

Für die Bearbeitung am Rechner gibt es zwei empfehlenswerte Programme.

GIMP[12] ist das Urgestein der offenen Bildbearbeitung. Es trägt die Freiheit schon im Namen, denn GIMP steht für GNU (sic!) Image Manipulation Program. GIMP hat einen Vorteil, der gleichzeitig ein Nachteil ist: Es kann eine ganze Menge und versteckt diese Funktionen in unzähligen Menüs und Fenstern. Da ist es von Vorteil, dass das Benutzerhandbuch[13] auch auf Deutsch verfügbar ist.

Darktable[14] kann seine Herkunft als Open Source Projekt nicht verheimlichen. Es bedient sowohl die Ansprüche von Einsteigern, die schnell den Bildausschnitt ändern oder das Bild mit einfachen Filtern aufhübschen wollen, als auch die Bedürfnisse derer, die ihre Fotos aufwändig und individuell anpassen möchten. Ursprünglich wurde das Projekt zur Bearbeitung von Rohdateien entwickelt, es kommt aber auch mit den gängigen Fotoformaten zurecht. Wie GIMP steht es unter der GNU General Public Licence[15].

Mit beiden Programmen kann man auch die Metadaten bearbeiten, um die Lizenz einzuschreiben.

Dateiformate

Bei Fotos sind zwei Formate dominant: Das JPEG[16]- und das PNG[17]-Format. Eine Übersicht über die verschiedenen Formate und Eigenschaften bei Bilddateien bietet die Wikipedia[18].

Das JPG-Format ist frei von Rechten Dritter und kann von jeder Software genutzt werden. Praktisch jede gängige Software kann mit dem JPG-Format umgehen.

Das PNG-Format wurde 2006 als freier Ersatz für das mit Patentforderungen behaftete GIF-Format entwickelt. Es ist frei von Patentbeschränkungen und kann frei in jeder Software verwendet werden.

Für den Gold-Standard sollten nicht-proprietäre Dateiformate verwendet werden. Protokolle, Dateiformate und Ähnliches werden als „proprietär" bezeichnet, wenn sie nicht oder nur mit Schwierigkeiten von Dritten implementierbar und deshalb nicht zu öffnen oder zu lesen sind, weil sie z. B. lizenzrechtlich beschränkt sind. Ein Beispiel für ein nicht proprietäre, offenes Format für Bilddateien ist das Portable-Network-Graphics-Format (PNG). Das PNG-Format ist daher für den Gold-Standard bei Fotos geeignet.

Veröffentlichung

Wer nach geeigneten Bildern sucht oder eigene Fotos unter freier Lizenz zur Verfügung stellen möchte, ist bei Wikimedia Commons[19] richtig. Wie das mit dem Upload geht und was dabei zu beachten ist, wird mit einer leicht verständlichen Schritt-für-Schritt-Anleitung[20] erklärt.

Der Foto-Dienst Flickr[21] erlaubt sowohl die Suche nach und den Download von Fotos unter freier Lizenz als auch den Upload eigener Bilder. Bei der Suche nach geeigneten Fotos lässt sich die Anzeige über ein Auswahlmenü auf beliebige Lizenzen[22] eingrenzen. Beim Upload eigener Fotos ist der kostenlose Upload seit November 2018 auf 1000 Bilder beschränkt[23]. Möchte man mehr Fotos auf die Plattform laden, wird die Nutzung kostenpflichtig.

Eine hilfreiche Einführung zur Frage, wo geeignete Bilder zu finden sind, bietet die Aufzeichnung des Webtalks[24] zum Thema „Quellen für freie Bilder als OER" mit Sonja Borski.

Bei der Veröffentlichung eigener Fotos als OER ist zu beachten, dass

- der Lizenzhinweis korrekt ist und gut sichtbar angebracht ist,
- der Lizenzhinweis maschinenlesbar ist, damit das Foto über eine Suche via Suchmaschine auch gefunden werden kann,
- sie als offene, nicht-proprietäre[25] Dateiformate zur Verfügung stehen,
- Aspekte der Barrierefreiheit, wie die Auszeichnung mit ALT-Text[26], berücksichtigt werden,
- eine offen Lizenz gewählt wird (CC0 oder CC BY),
- die Bilder über eine (kosten-)frei zugängliche Plattform verfügbar sind.

Nachnutzung

Anlaufstellen für Bilder im Netz gibt es viele. Welche davon sich für die Suche nach freien Fotos und Grafiken eignen, dazu gibt es eine Übersicht bei iRights[27].

In den meisten Fällen ist das Format, in dem ein Foto nachgenutzt wird, wahrscheinlich kein Foto, sondern ein anderes Format: ein Foliensatz (vgl. S. 19), eine e-learning-Einheit oder einfach ein Textdokument (vgl. S. 71). Hier gelten dann die Regeln und Empfehlungen für diese Formate. Dabei müssen die Nutzenden vermerken, wessen Werke sie verwendet und wie sie diese bearbeitet haben. Wie Bearbeitungen frei lizenzierter Fotos richtig gekennzeichnet werden, ist im iRights[28]-Beitrag „Bearbeitungen frei lizenzierter Inhalte richtig kennzeichnen[29]" beschrieben.

Einige empfehlenswerte Dienste zur Suche nach Fotos und Grafiken im Netz:

- CC Search[30] – Metasuche nach Bildern unter freier Lizenz
- Wikimedia Commons[31] – Freie Sammlung von Bildern, Videos und Audiodateien, verknüpft mit Wikipedia
- Flickr – Online-Fotoplattform
- OpenMoji[32] – Open Source Emojis
- The Noun Project[33] – Frei verfügbare Icons
- TIBS Bilderdatenbank[34] – Bilddatenbank vom Tiroler Bildungsservice[35] (TiBS)
- Bilderhamster[36] – Fotos unter CC0

Kollaboration bei meinem Format

An Fotodateien selbst kann man nicht wirklich gemeinsam und kollaborativ arbeiten. Denkbar und möglich ist die gemeinsame Bearbeitung von Fotosammlungen. Etwa durch die kollaborative Vergabe von Schlagworten und Metadaten oder das Anbringen von Querverweisen zu Bilden gleichen Genres oder mit verwandten Motiven.

---

[1] https://de.creativecommons.net/was-ist-cc/

[2] https://open-educational-resources.de/101-creative-commons-lizenzen-und-ihre-korrekte-verwendung/

[3] https://de.wikipedia.org/wiki/Tag_(Informatik)

[4] https://de.wikipedia.org/wiki/Exchangeable_Image_File_Format

[5] https://meta.wikimedia.org/wiki/Open_Content_-_A_Practical_Guide_to_Using_Creative_Commons_Licences

[6] https://opendefinition.org/od/2.1/de/

[7] https://creativecommons.org/publicdomain/zero/1.0/deed.de

[8] https://creativecommons.org/licenses/by/4.0/deed.de

[9] https://creativecommons.org/licenses/by-sa/4.0/deed.de

[10] https://de.wikipedia.org/wiki/Recht_am_eigenen_Bild

[11] https://irights.info/artikel/pixabay-wechselt-von-creative-commons-freigabe-zu-selbstgestrickter-lizenz/29410

[12] https://www.gimp.org/

[13] https://docs.gimp.org/2.10/de/

[14] https://www.darktable.org/

[15] https://de.wikipedia.org/wiki/GNU_General_Public_License

[16] https://de.wikipedia.org/wiki/JPEG

[17] https://de.wikipedia.org/wiki/Portable_Network_Graphics

[18] https://de.wikipedia.org/wiki/Grafikformat

[19] https://commons.wikimedia.org/wiki/Main_Page?uselang=de

[20] https://commons.wikimedia.org/wiki/Commons:First_steps/Uploading_files/de

[21] https://www.flickr.com/

[22] https://www.flickr.com/search/

[23] https://www.businesswire.com/news/home/20181101005328/en/Flickr-Announces-New-Photographer-Centric-Improvements-Flickr-Pro

[24] https://youtu.be/3CeYHlopHFM

[25] https://de.wikipedia.org/wiki/Propriet%C3%A4r

[26] https://de.wikipedia.org/wiki/Alt-Text

[27] https://irights.info/artikel/nicht-nur-kostenlos-sondern-frei-zehn-anlaufstellen-fuer-bilder-im-netz/22457

[28] https://irights.info/

[29] https://irights.info/artikel/bearbeitungen-frei-lizenzierter-inhalte-richtig-kennzeichnen/29555

[30] https://search.creativecommons.org/

[31] https://commons.wikimedia.org/wiki/Hauptseite

[32] https://openmoji.org/

[33] https://thenounproject.com/

[34] https://bilder.tibs.at/

[35] https://tibs.at/

[36] http://bilderhamster.de/jalbum/

Verändern. Anpassen. Teilen. Der Gold-Standard zur Veröffentlichung von Maker-Vorlagen als OER

Kai Obermüller, Kristin Narr

„If it can be imagined it can be made", so lässt sich die Haltung in der Maker-Szene beschreiben. Wer denkt dabei aber an OER? Dabei ist eine lebendige Maker-Community nur möglich, wenn Ideen und Vorlagen aktiv geteilt, remixed und re-used werden. Kai Obermüller und Kristin Narr zeigen, wie Maker-Vorlagen unter dem bestmöglichen Standard für OER veröffentlicht werden können.

Der Gold-Standard für Making als OER, Grafik: Jula Henke, Agentur J&K – Jöran und Konsorten für OERinfo, Informationsstelle OER, CC BY 4.0.

Einleitung

Making ist das neue Basteln mit digitalen und analogen Technologien. Es gibt viele MakerSpaces oder FabLabs, Schulen und Einrichtungen nutzen Kooperationsprojekte oder machen eigene Werkstätten auf. Making lebt vom Austausch und der gegenseitigen Unterstützung, vom Weitergeben der Vorlagen und dem Prinzip, etwas (gemeinsam) selbst zu machen. Konsequenterweise existieren auch passende Formen des Austauschs und Dateiformate, mit denen (weiter-) gearbeitet werden kann.

Vorlagen verändern und anzupassen ist ein wichtiges Ziel bei deren Veröffentlichung. Das zeigt sich auch in der bereitwilligen Weitergabe der Vorlagen und Hilfestellungen in der Maker-Szene. MakerSpaces und FabLabs sind nicht nur Orte, an denen die Maschinen zur Umsetzung zu finden sind. Man trifft dort vor allem auf Menschen, mit denen man sich austauschen kann und die bei der Umsetzung unterstützen. Sich gegenseitig zu stärken und voneinander zu lernen geschieht im Machen während eines Making-Projekts. Der Austausch ist dabei nicht auf physische Orte wie MakerSpaces begrenzt. Auch auf Online-Plattformen entstehen Communities, die sich gegenseitig helfen, konkrete Projekte, Vorlagen, Muster oder Anleitungen austauschen. Das können große DIY-Communities wie das Ravelry[1] sein oder zum Beispiel 2020 die weltweite Bewegung "Maker vs. Virus[2]", über die u.a. Modellvorlagen für Faceshields (Visiere) während der Corona-Krise gemeinsam entwickelt, erstellt und organisiert worden sind.

Verglichen mit anderen Medienformaten (z. B. Videos, Texte oder Folien) ist Making ein spezielles Thema. Durch die Vielzahl an verfügbaren Materialien und Geräten, von 3D-Druckern über Stickmaschinen bis hin zu CNC-Fräsmaschinen, werden viele verschiedene Dateiformate benötigt. Dazu zählen vor allem zweidimensionale Vektorgrafiken und dreidimensionale Modelle, meist in Kombination mit der Information über das verwendete Material.

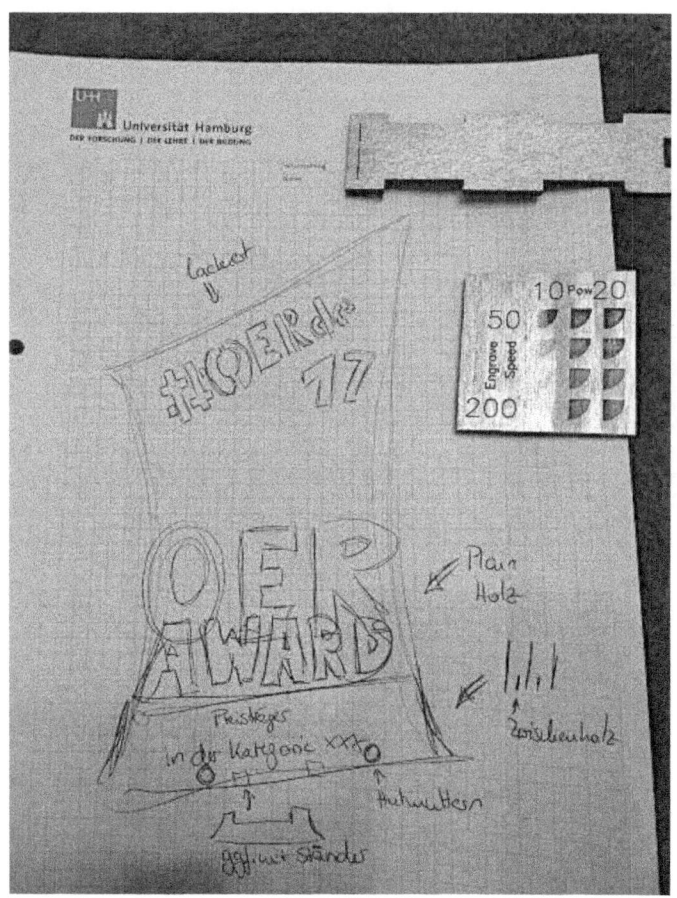

Abbildung 1: Erste Skizze für die Pokale des OERde17-Awards, Foto: Anja Lorenz, CC0 1.0.

Am Beispiel eines Lasercutter-Projektes wird vorgestellt, wie wir dem Prinzip der Offenheit folgten und am Ende ein Ergebnis erzielten, welches im Sinne von OER veröffentlicht wurde.

Das Format als OER

Zum OER-Festival 2017 mit dazugehörigem OER-Award[3] wurde ein Pokal für die Preisträger*innen gestaltet. Dabei war eine Veröffentlichung der Vorlage bereits mit angedacht. Der erste Entwurf wurde mit Bleistift und Papier gezeichnet (siehe Abbildung 1).

Zum Übertrag in ein maschinenlesbares digitales Format wurde die Open-Source-Software „Inkscape[4]" verwendet. Diese ist plattformunabhängig und kann zur Erstellung und Bearbeitung zweidimensionaler Vektorgrafiken verwendet werden. Der aus der Skizze übertragene Entwurf ist in Abbildung 2 zu sehen.

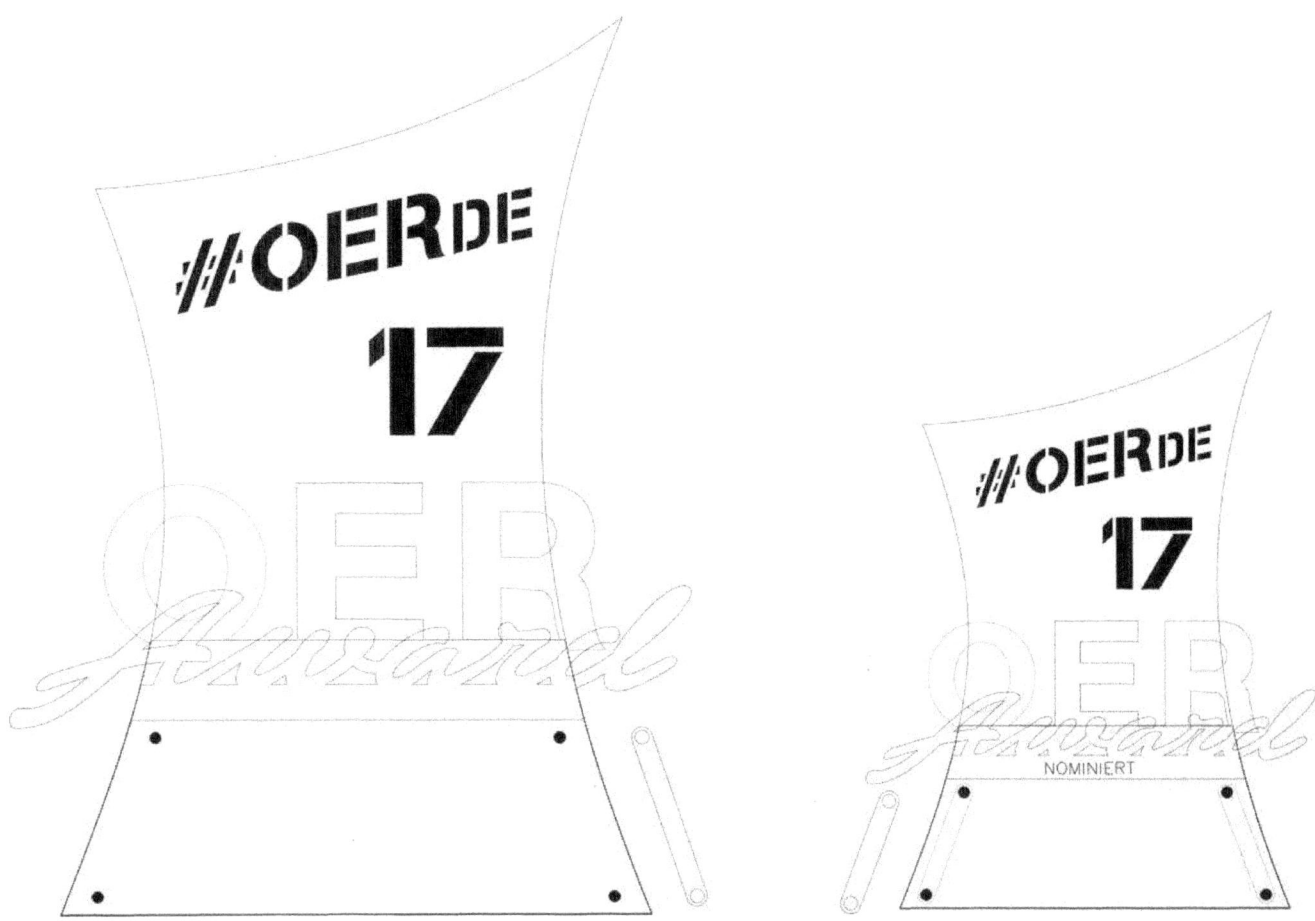

Abbildung 2: Vektorgrafik für die Pokale des OERde17-Awards. Veröffentlicht von Anja Lorenz im Forum des FabLab Lübeck, CC0 1.0.

Um diesen Entwurf an den Lasercutter übergeben zu können, waren noch zwei Zwischenschritte nötig: Zum einen mussten die einzelnen Teile überschneidungsfrei in der Fläche platziert werden. Der offene Austausch über mögliche Strategien zur bestmöglichen Ausnutzung der Holzfläche ist ein gut dokumentiertes Beispiel[5] für den gemeinsamen Austausch und die gegenseitige Unterstützung bei Fragestellungen in Making-Projekten. Zum anderen musste die fertige Datei über eine CAM-Software[6] (Computer Aided Manufacturing) mit Angaben zu Geschwindigkeit und Intensität des Laserschnitts ergänzt und auf die Maschine übertragen werden.

Schließlich wurde die Dokumentation, und damit das eigentliche OER, in Form eines Forenbeitrags[7] geschrieben. Um diese optimal nachnutzen zu können, sind nicht nur die Entwurfsdateien unter einer freien Lizenz veröffentlicht worden, sondern auch eine genaue Beschreibung der Problemstellung und der daraus resultierenden Anforderungen.

Die Pokale wurden aus Pappel-Sperrholz mit 4mm Dicke geschnitten, mit handelsüblichem Spraylack lackiert und zusammengeschraubt. Es gab zwei verschiedene Größen: etwa A4-Größe für die Erstplatzierten und A5 für alle Nominierten. Doch neben der Variante der Nutzung als Awards gab es dank der Veröffentlichung unter einer Creative Commons Lizenz, die auch die Veränderung des Werkes ermöglicht, auch noch eine weitere andere Umsetzung des Projektes (siehe Abbildung 3).

Abbildung 3: OERAward 2017 groß, Grafik: Anja Lorenz, CC BY 4.0.

Das Foto zeigt den Award in 3 Meter Größe. Die Preisverleihung fand in Berlin statt, ein lokaler Künstler entwickelte das vergrößerte Modell aus Kunststoff. Dank der Originaldatei als weiter nutzbare Vektorgrafik und der Veröffentlichung unter freier Lizenz war eine Verwendung der Vorlage zur Skalierung und eine Anpassung an die neuen technischen Gegebenheiten kein Problem.

Die jeweilige(n) Materialart(en)

Das Besondere beim Thema Making ist die unglaubliche Vielschichtigkeit desselben. Es gibt so viele verschiedene Formen der Gestaltung und der digitalen Umsetzung, dass an dieser Stelle keine allgemeingültigen Aussagen gemacht werden können. Dennoch ist es sinnvoll, möglichst offene Tools dafür zu verwenden, um die Wiederverwendung und Überarbeitung der Modelle zu ermöglichen. Denn die Making-Community lebt den Gedanken des Reuse stark aus.

Das ideale OER für mein Format ...

Gibt es so direkt also nicht. Dennoch lassen sich viele Projekte auf zwei Grundkonzepte reduzieren: 2D oder 3D. Ebenso gibt es durchaus Standards, die sich durchgesetzt haben. Eine genauere Erläuterung erfolgt im Abschnitt "Produktion und Erstellung".

Die No-Gos bei meinem Format ...

Wären vermutlich schlicht:

- Veröffentlichung in einem unbrauchbaren Dateiformat.
- Keine oder unzureichende Informationen über das verwendete Rohmaterial.
- Keine oder unsaubere Lizenzierungshinweise.

Lizenzierung und Lizenzhinweise

Die Erzeugung der benötigten Computergrafiken kann mithilfe von Open Source Programmen erzeugt werden. Doch wohin mit diesen Dateien, und wie weist man dann mögliche Lizenzen aus?

Das Auszeichnen der Lizenz des Werkes innerhalb der Veröffentlichungsseite ist der übliche Weg – und es ist eher unüblich, die Lizenzhinweise direkt am Werk beziehungsweise Produkt anzubringen. Bei Produkten aus dem Lasercutter oder 3D-Drucker könnten die Angaben eingraviert werden, je nach Einsatz wäre auf einem Hinweis auf einer Beschilderung denkbar, wird aber meist nicht erwartet.

Dabei ist die Vorlage im Sinne des Urhebergesetzes auf jeden Fall ein Werk und damit geschützt.

Offene und empfehlenswerte Tools für mein Format

Produktion, Erstellung & Bearbeitung

Wie bereits erwähnt, kann man Making-Projekte gut in zwei verschiedene Formate aufteilen: 2D und 3D. Da beispielsweise beim Lasercutten nur auf der Fläche und damit zweidimensional gearbeitet werden kann, wurden im konkreten Fall SVG[8]-Dateien („Scalable Vector Graphics") erzeugt. Das SVG-Format ist ein standardisiertes, quelloffenes Dateiformat und kann von den meisten Grafikprogrammen eingelesen werden. Es ist also zur Verwendung in 2D-Projekten, beispielsweise also für Lasercutter und CNC-Stickmaschinen, gut geeignet.

Zur Erzeugung von dreidimensionalen Objekten kann man beispielsweise Blender[9], ebenfalls eine Open-Source Anwendung, verwenden. Eine Alternative, die zwar nicht Open Source, aber für Studierende und Anwender*innen aus dem Bildungsbereich kostenfrei nutzbar ist, ist Fusion 360[10].Beide sind gut geeignet, um dreidimensionale Objekte für 3D-Drucker, CNC-Fräsen und andere Geräte, die dreidimensionale Vorlagen verwenden, zu erzeugen oder zu bearbeiten. Freie Formate sind hier SVG (Scalable Vector Graphics, 2D), DXF[11] (Drawing eXchange Format, 2D und 3D) sowie VRML[12] (Virtual Reality Markup Language, 2D & 3D). Die gängigen 3D-Drucker verwenden das STL[13] (STereoLithographie) Format, welches als eine Art Schnittstelle zwischen dem Entwurf und dem Druck fungiert und das Objekt in viele kleine Dreiecke zerlegt - und damit den Speicherplatz deutlich verringert. Seit 2015 arbeitet ein Konsortium an einem freien Standard namens 3MF[14] (3D Manufacturing Format), mit dem neben den „reinen" 3D-Modell-Werten auch Informationen über das verwendete Material und dessen Eigenschaften (bspw. Farbe) gespeichert werden kann.

Veröffentlichung & Nachnutzung

Für die Dokumentation von Making-Projekten bieten sich Textformate bspw. in Blogs, aber auch Videos an. Für diese sind die Goldstandards der jeweiligen Formate anzuwenden. Eine Anleitung[15] bestehend aus Text und interaktivem Video via H5P[16] wurde für den Award-Remix umgesetzt.

Bei den Awards haben wir Dateien und Dokumentation[17] im Forum des FabLab Lübeck unter der Lizenz CC0 veröffentlicht. Da der Pokal einen sehr speziellen Verwendungszweck hatte, ging es uns nicht um eine große Verbreitung. Hierfür war eine Benennung der Lizenz innerhalb des Postings ausreichend. Nachnutzungen werden sich eher auf den grundlegenden Aufbau als auf das spezielle Design beziehen, durch die CC0-Lizenz werden bei einer Nachnutzung und Anpassung keinerlei (auf dem Objekt eher störende) Lizenzangaben benötigt

Es gibt einige Portale zur Suche und/oder Veröffentlichung von Vorlagen. Nachfolgend stellen wir ein paar Anlaufstellen vor und zeigen, wo sich dort die Lizenzhinweise befinden.

- Thingiverse[18] ist eine der bekanntesten Seiten zur Suche nach 2D- und 3D-Vorlagen. Die Projekte können in allen Varianten der CC-Lizenzen veröffentlicht und danach gefiltert werden. Es gibt allerdings keine Filtermöglichkeit nach bestimmten CC-Lizenzen. So werden automatisch alle Abstufungen dieser Lizenz, bis hin zu CC-BY-NC-ND, angezeigt. Um herauszubekommen, welche Lizenz sich hinter dem einzelnen Projekt verbirgt, müssen die Projekte einzeln aufgerufen und angeschaut werden (siehe Abbildung 4).

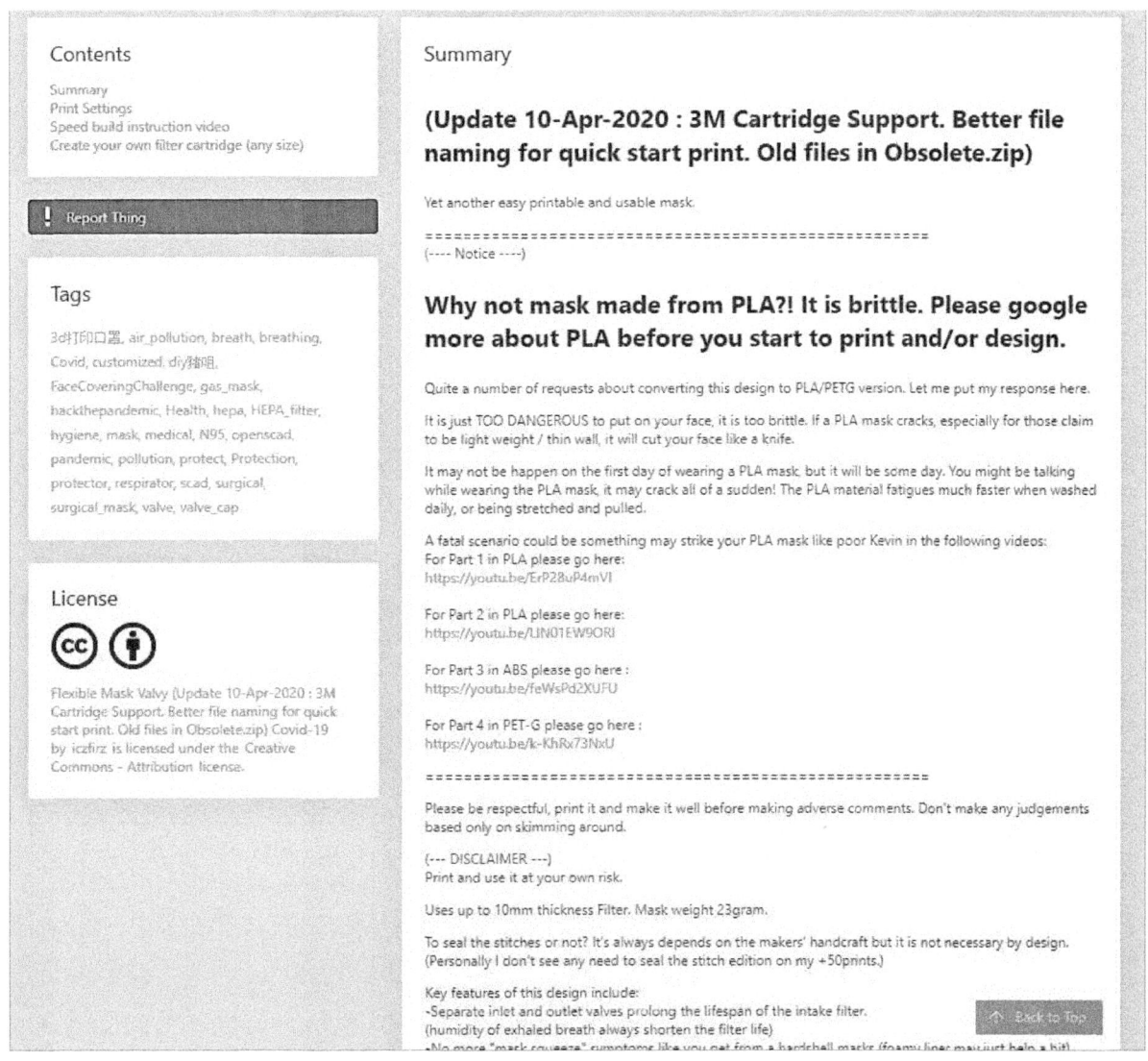

Abbildung 4: Sehr gut erkennbar: Die ausgewiesene Lizenz des Werkes, hier CC BY. Screenshot von Thingiverse, nicht unter freier Lizenz.

- YouMagine[19] bezeichnet sich selbst als Online-Community von 3D-Druck-Enthusiast*innen. Dabei setzen sie vor allem auf Open-Source-Kreationen. Die meisten Werke hier sind unter Creative-Commons-Lizenzen (CC BY, CC BY-SA) veröffentlicht (siehe Abbildung 5). Die Lizenzen sind unter den Werken ausgezeichnet. Auch hier lässt sich allerdings die Suche auf der Webseite nicht nach den Lizenzen filtern.

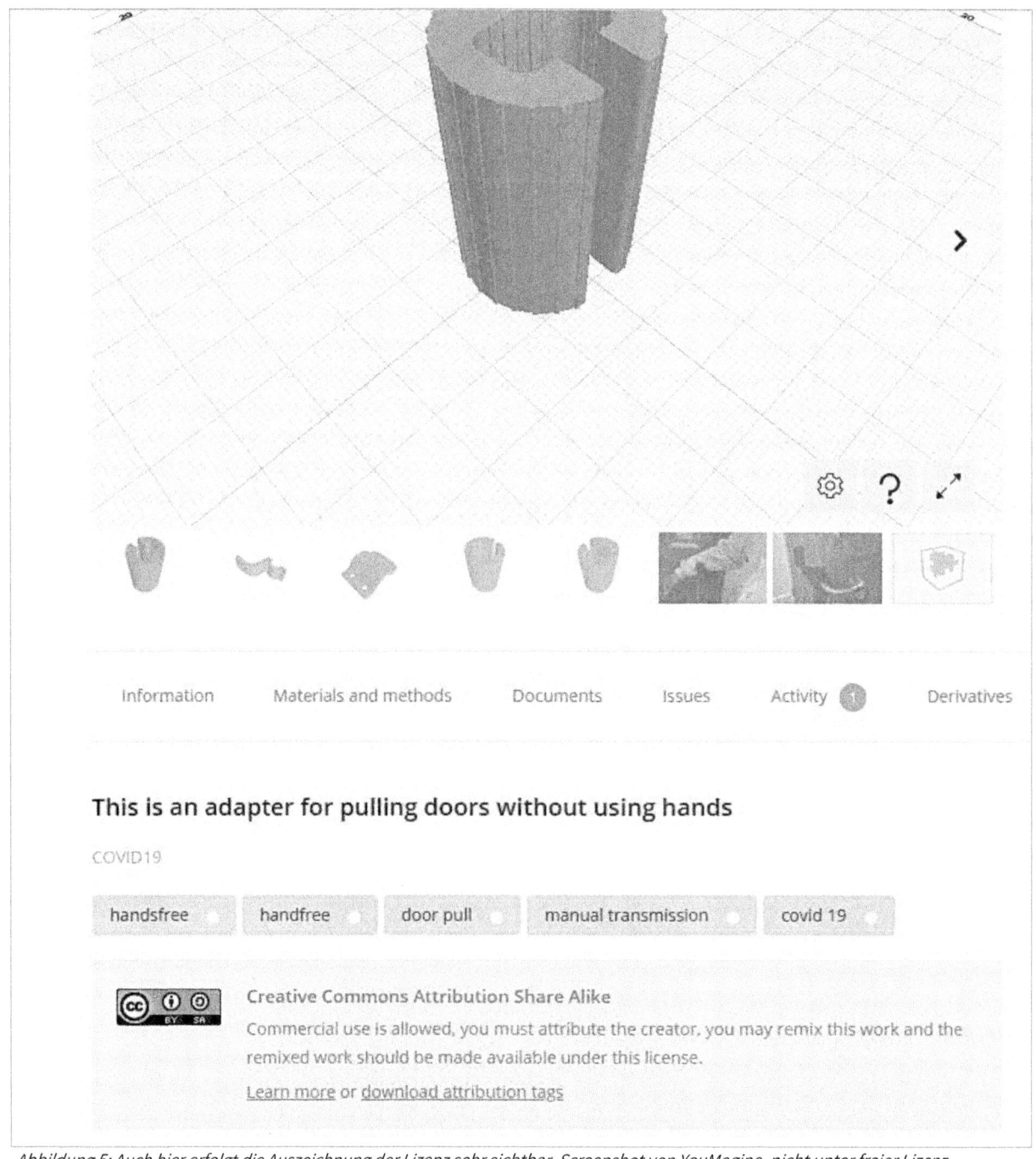

Abbildung 5: Auch hier erfolgt die Auszeichnung der Lizenz sehr sichtbar. Screenshot von YouMagine, nicht unter freier Lizenz.

- NASA: Die US-Bundesbehörde für Raumfahrt und Flugwissenschaft, kurz NASA, hat auf ihrer Webseite auch einige 3D-Modelle veröffentlicht[20]. Diese sind frei verfügbar und können von allen genutzt werden. Mehr Infos dazu findet man auf der NASA[21]-Webseite.

BWG Deep Space Station Antenna

Description

Author/Origin: Dave Doody

Relevant Mission: Deep Space Network

Date Added: September 25, 2014

Keywords: 3D Model, Space Station, BWG, DSN

GitHub Repository: Beam Waveguide Deep Space Station Antenna

This extraordinary 3D printable model gives a rare view into the Earth-based part of basically every interplanetary spacecraft. Models of spacecraft are popular, but the vehicles they represent are incomplete and of no use without the tons of steel and concrete and systems that make up an Earth-based station.

Click Here for Printing Instructions

Abbildung 6: Die Guidelines der NASA ermöglichen eine Verwendung der Objekte für jegliche Zwecke. Screenshot von Nasa.gov., nicht unter freier Lizenz.

Je nach Materialart (Videos, Blogbeiträge etc.) kommen weitere Plattformen zum Tragen, bspw. YouTube für Videos mit Anleitungen für Making-Projekte oder MOOC-Plattformen für offen Online-Kurse rund ums Making.

Viele der gefundenen Objekte bieten nicht nur die 3D-Dateien an, sondern auch eine weiterführende Erläuterung, beispielsweise das verwendete Material (beim Lasercutter beispielsweise die Material-art oder -dicke; beim 3D-Drucker oft, welches Filament genutzt wurde) oder die Einstellungen der Geräte (beispielsweise die Geschwindigkeit beim Laserschnitt oder der Modus beim 3D-Druck). Einige Webseiten bieten dazu eine Möglichkeit zum Austausch untereinander an, beispielsweise in Form von Kommentaren oder Diskussionsforen oder zum Upload von verbesserten Versionen oder Fotos Reproduktion der Werke.

Kollaboration bei meinem Format

Bei allen Beispielen zeigt sich der Grundgedanke des Making: Es geht auch um das Teilen guter Ideen und die Weiterentwicklung und Freude daran.

So bietet beispielsweise Instructables[22] eine Möglichkeit an, auch Schritt-für-Schritt-Anleitungen und Kurse zum Making zu finden und zu teilen. Die HAW Hamburg bietet mit „Beyond the Screen[23]" Lehr-Lernmaterialien rund um das Thema. Und auf iMooX[24] gibt es einen Online-Kurs zum Thema Coding und Making im Unterricht[25].

Wer auf der Suche nach einem MakerSpace oder FabLab im deutschsprachigen Raum ist, um sich Unterstützung bei der konkreten Umsetzung zu holen, kann für den deutschsprachigen Raum die von der MakerFaire erstellte Karte[26] nutzen. Hier lassen sich auch in wenigen Schritten eigene Werkstätten eintragen. Für FabLabs im internationalen Bereich gibt es eine offizielle Karte[27]. Zudem sind auch Zusammenschlüsse wie der Verbund Offener Werkstätten[28] zu empfehlen.

---

[1] https://www.ravelry.com/account/login

[2] https://www.makervsvirus.org/downloads/

[3] https://open-educational-resources.de/veranstaltungen/17/

[4] https://inkscape.org/de/

[5] https://forum.fablab-luebeck.de/t/gesamte-holzflaeche-bestmoeglich-ausnutzen-habt-ihr-tipps/2734/

[6] https://de.wikipedia.org/wiki/Computer-aided_manufacturing

[7] https://forum.fablab-luebeck.de/t/pokale-oder-so-aehnlich-fuer-den-oer-award-2017/2733

[8] https://de.wikipedia.org/wiki/Scalable_Vector_Graphics

[9] https://de.wikipedia.org/wiki/Blender_(Software)

[10] https://www.autodesk.com/products/fusion-360/students-teachers-educators

[11] https://de.wikipedia.org/wiki/Drawing_Interchange_Format

[12] https://de.wikipedia.org/wiki/Virtual_Reality_Modeling_Language

[13] https://de.wikipedia.org/wiki/STL-Schnittstelle

[14] https://en.wikipedia.org/wiki/3D_Manufacturing_Format

[15] https://secret-cow-level.de/wordpress/2018/08/mein-erstes-raspberry-pi-projekt/

[16] https://h5p.org/

[17] https://forum.fablab-luebeck.de/t/pokale-oder-so-aehnlich-fuer-den-oer-award-2017/2733

[18] https://www.thingiverse.com/

[19] https://www.youmagine.com/

[20] https://nasa3d.arc.nasa.gov/models

[21] https://www.nasa.gov/multimedia/guidelines/index.html

[22] https://www.instructables.com/

[23] https://beyondthescreen.design.haw-hamburg.de/

[24] https://imoox.at/mooc/

[25] https://imoox.at/mooc/local/courseintro/views/startpage.php?id=62

[26] https://maker-faire.de/makerspaces/

[27] https://www.fablabs.io/labs/map

[28] https://www.offene-werkstaetten.org/

Zusammenspiel von Materialarten und Werkzeugen – Der Gold-Standard für Onlinekurse als OER

Anja Lorenz, Oliver Tacke und Nele Hirsch

Online-Kurse sind aus verschiedenen Materialarten und Werkzeugen zusammengesetzt. Das macht sie zu einem besonderen Format für OER. Wie es gelingen kann, den Gold-Standard für OER Online-Kurse zu erreichen, beschreiben Anja Lorenz, Oliver Tacke und Nele Hirsch in diesem Beitrag.

Der Gold-Standard für Onlinekurse als OER, Grafik: Jula Henke, Agentur J&K – Jöran und Konsorten für OERinfo, Informationsstelle OER, CC BY 4.0.

Einleitung

OER haben für Onlinekurse dreierlei Bedeutung.

1. Sie können Beiträge zur Struktur der Kurse leisten, indem **offene Materialien innerhalb des Kurses** Verwendung finden und so gegebenenfalls Effizienzgewinne versprechen.
2. Online-Kurse können **als Ganzes selbst OER** sein. Das erlaubt es etwa, Einzelteile von Kursen nachzunutzen oder sie als Ganzes für unterschiedliche Zielgruppen anzupassen.
3. **Ergebnisse von Online-Kursen** können als OER veröffentlicht und weitergenutzt werden.

Da Onlinekurse auf verschiedene Werkzeuge und Dienste zurückgreifen können, etwa Lernmanagementsysteme, E-Mail-Verteiler, interaktive Übungen (vgl. S. 3) etc., treten technische Aspekte hier stärker in der Vordergrund als bei anderen OER.

Sind Online-Kurse offen für alle Menschen, werden sie den sog. MOOCs zugeordnet. MOOC steht für Massive Open Online Course und wird oft bei der Diskussion um OER und Online-Kurse genannt, obwohl nicht alle MOOCs frei lizenziert und damit OER sind.

Online-Kurse als OER

Die Besonderheiten bei Onlinekursen als OER

Online-Kurse beschreiben kein Dateiformat, sondern sind vielmehr aus verschiedenen Materialarten und Werkzeugen zusammengesetzt. Dabei könnte es sich beispielsweise um Videos (vgl. S. 79), Podcasts (vgl. S. 53) oder interaktiven Übungen (vgl. S. 3) handeln, die ihre jeweiligen Eigenarten bezüglich freier Lizenzierung mit sich bringen.

Die für Online-Kurse nötige technische Basis, auf der Materialien und Werkzeuge bereitgestellt werden können, benötigt fast immer eine etwas tiefere Einarbeitung und ist nur selten mit einfachen Mitteln bspw. am Smartphone umsetzbar. Neben der reinen didaktischen und gestalterischen Planung müssen Aspekte wie Kommunikations-, Rollen- oder Bewertungskonzepte bedacht und administriert werden.

Bei der Zusammensetzung der einzelnen Elemente bleiben diese technisch gesehen häufig unabhängig voneinander, sodass sie leicht ausgetauscht werden können, ohne die übrigen Bestandteile des Kurses zu beeinträchtigen. Hierdurch eröffnet sich auch die Möglichkeit, Online-Kurse nicht (nur) als Ganzes mit einer offenen Lizenz zu versehen, sondern auch „Mixed Licenses" umzusetzen und einzelne Bestandteile mit abweichenden Lizenzen auszuzeichnen.

Das ideale OER für Online-Kurse

Ein Online-Kurs sollte mit all seinen Bestandteilen unter der gleichen freien Lizenz stehen. Diese Lizenz sollte leicht auffindbar und so ausgezeichnet sein, dass beispielsweise alle Rechteinhaber*innen einfach erkennbar sind.

Cuppa Mooc, Foto: SBF Ryan (via Flickr), CC BY 2.0.

Neben der Nachnutzung des gesamten Kurses bietet sich die Weiterverwendung einzelner Bestandteile an. Hierfür sollten diese jeweils gut nachnutzbar eingebunden und einzeln kopiert oder heruntergeladen werden können.

Auch bei weiteren inhaltlichen, gestalterischen und technischen Qualitätskriterien sind die einzelnen Bestandteile des Kurses ausschlaggebend. So müssen Aspekte wie Barrierefreiheit, gendergerechte Ansprache und die Berücksichtigung kultureller Diversität für verschiedene Medien- und Werkzeugklassen unterschiedlich adressiert werden. In der Praxis werden sich hier selten optimale Lösungen für alle Ansprüche finden lassen. Gerade die Bereitstellung unter freier Lizenz ermöglicht es aber, zusätzliche Hilfestellungen und Anpassungen zu ergänzen und vielleicht auch durch die Lernenden erweitern zu können.

Es scheint folgerichtig, dass offene Online-Kurse auch offen auffindbar und zugänglich sein sollten, ohne dass eine Registrierung nötig ist. Diese ist in der Praxis aber häufig nötig, um z. B. Lernstände zu speichern oder die Kommunikation mit anderen Teilnehmenden den einzelnen Personen zuordnen zu können.

Schließlich ergeben sich weitere Perspektiven, die sich unter dem Konzept der Open Educational Practices (OEP) beschreiben lassen: Lernende bearbeiten dabei nicht vorgegebene Lernmaterialien. Vielmehr finden sie sich in einem „Unkurs" zusammen, in dem sie eigene Fragestellungen überlegen und gemeinsam bearbeiten können. Die Hauptaufgabe des hierfür bereitgestellten Online-Kurses besteht dann nicht in der ansprechenden Aufbereitung von Materialien und Aufgaben zur Reflexion und Lernstandssicherung, sondern vorrangig in der Bereitstellung von Werkzeugen zur Vernetzung, Kommunikation und gemeinsamen Arbeit.

Die No-Gos bei Online-Kursen

MOOC, Grafik: Duke Innovation Co-Lab CC0 1.0.

Betrachtet man die Souveränität der einzelnen Lernenden als einen wesentlichen Aspekt offener Lernangebote, sollten Online-Kurse auch so gestaltet werden, dass sich die Lernenden jederzeit frei im Kurs bewegen können. Sogenannte konditionale Freigaben, bei denen Inhalte erst bearbeitet werden können, wenn zuvor bestimmte Aufgaben gelöst oder Inhalte als bearbeitet markiert wurden, sollten daher nicht zum Einsatz kommen.

Lizenzierung

Im Idealfall würde für einen Online-Kurs einheitlich nur eine Lizenz gelten. Durch den (rechtlich erlaubten) Remix verschiedener offener Materialien lässt sich dieses Ziel aber nicht immer einhalten, da zumindest die unterschiedlichen Urheber*innen sowie die Bezugsquellen genannt werden müssen. Eine Auszeichnung der Lizenzangaben sollte daher möglichst am jeweiligen Objekt stattfinden.

Um die Nachnutzung des Online-Kurses zu ermöglichen und dabei die Angabe der korrekten Metadaten zu ermöglichen, sollten die Lizenzangaben einschließlich der korrekten Bezeichnung der Urheber*innen[1] leicht auffindbar und maschinenlesbar[2] platziert werden. Da viele Online-Kurse zudem eine Registrierung der Teilnehmenden erfordern, werden zudem ein Impressum, eine Datenschutzerklärung und ggf. Allgemeine Geschäftsbedingungen (AGB) nötig sein.

Extra: Der „ist okay"-Standard

In Online-Kursen ist es auch möglich, für einzelne Elemente abweichende Lizenzen anzugeben und sie damit von der Gesamtlizenz des Kurses auszunehmen. Hierauf sollte besonders gut erkennbar und möglichst eindeutig hingewiesen werden, um Fehler bei der Nachnutzung zu vermeiden.

Die registrierungsfreie Teilnahme an einem Kurs ist technisch, aber auch institutionell nicht immer umsetzbar. Registrierungen zum Teil auch nötig, weil bspw. für die Speicherung von Bearbeitungsständen, Bewertungen oder Forenaufgaben ohne Registrierung nicht möglich ist.

Offene und empfehlenswerte Werkzeuge für Online-Kurse

Speziell für die Organisation von Lernangeboten, -werkzeugen und -prozessen wurden Lernmanagementsysteme, kurz LMS, entwickelt. Neben der Bereitstellung von Lernmaterialien, sowie Organisations- und Kommunikationswerkzeugen kann über die Verwaltung der Lernenden und deren Berechtigungen festgelegt werden, wer auf diese Zugriff haben darf. Bekannte Open-Source-LMS sind Moodle[3], Ilias[4] oder OpenOLAT[5], wobei Moodle die größte Community bezüglich seiner Weiterentwicklung und Nutzung aufweisen kann.

Auch Webseiten lassen sich gut für die Bereitstellung von Online-Kursen nutzen. So lassen sich über Wordpress[6], eine Open-Source-Software für Weblogs, Lernmaterialien und Arbeitsanweisungen in Beiträgen bereitstellen, Antworten und Diskussionen können in den Kommentaren erfolgt werden. Über weitere Plugins lassen sich weitere Funktionen zur Kommunikation und Vernetzung hinzufügen.

Schließlich können Online-Kurse und die damit verbundenen Lernaktivitäten auch über verschiedene Plattformen verteilt stattfinden. Lernmaterialien können bspw. via Links auf Videoplattformen, Podcasts oder wissenschaftliche Fachbeiträge bereitgestellt werden, während die Diskussion darüber in einer Messenger-Gruppe oder über einen speziellen Twitter-Hashtag möglich ist. Hierfür lässt sich auch kollaborative Web-Annotierung nutzen, wie es zum Beispiel das Tool

Hypothes.is[7] bietet. In diesen Fällen sollten die einzelnen Webquellen und Kommunikationskanäle auf einer zentralen Seite zusammengestellt werden.

Produktion: Erstellung & Bearbeitung

Für die Planung eines Online-Kurses wird eine zumindest grobe Anfertigung eines methodisch-didaktischen Konzepts empfohlen. Hierin werden die angestrebten Lernergebnisse, mögliche Aufgaben zu deren Überprüfung sowie dafür nötige Lerninhalte festgehalten. Darauf aufbauend entsteht ein Manuskript oder Drehbuch, das die finale Kursstruktur samt Inhalten und Aufgaben enthält. Der Umfang dieser Konzeption kann sehr unterschiedlich sein: handelt es sich um einen auch inhaltlich offenen Online-Kurs, indem Lernende gemeinsam an Projekten arbeiten, ist aufwendig produziertes Lernmaterial meist weniger gefragt. Stattdessen sollte der Schwerpunkt eines solchen Online-Kurses auf Werkzeugen zur Vernetzung, Kommunikation und gemeinsamen Arbeit liegen.

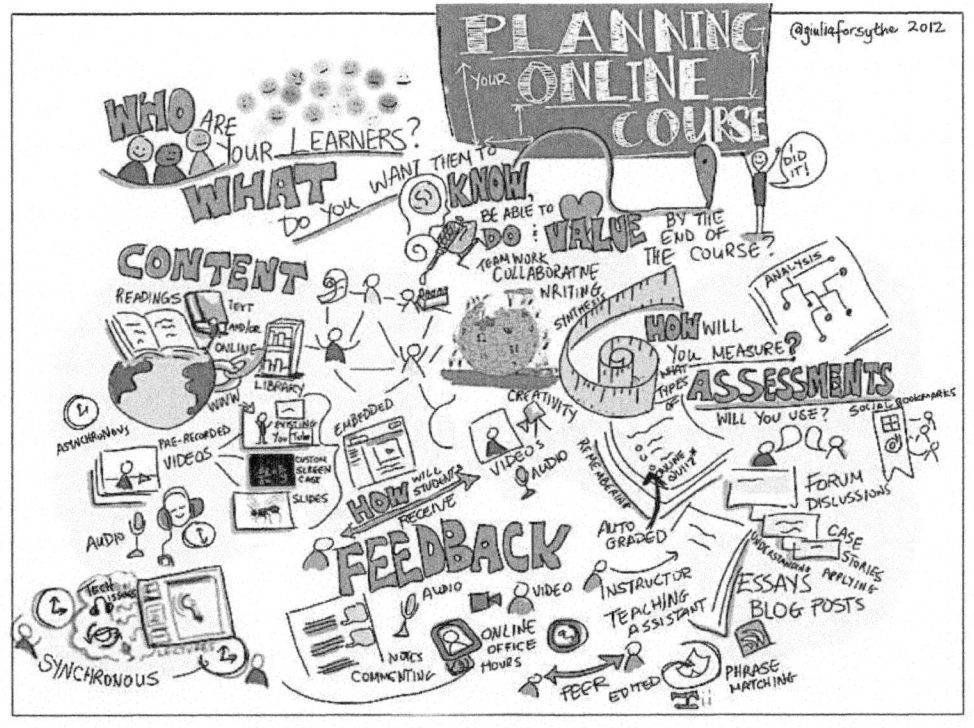

Planning your Online Course, Grafik: Giulia Forsythe (via Flickr), CC0 1.0.

Die so geplanten Inhalte und Werkzeuge müssen dann auf der technischen Plattform bereitgestellt werden. Die Einbindung oder Verlinkung ist stark vom gewählten System und der zu integrierenden Content-Art abhängig. Die benötigten Materialien können hierbei entweder selbst produziert oder aus frei lizenzierten Quellen wiederverwendet und ggf. angepasst werden.

Zur Qualitätssicherung können mehrere Review-Schleifen eingeplant werden. Neben einem allgemeinen Lektorat bzgl. Rechtschreibung, Grammatik, konsistenter sowie geschlechtergerechter Formulierungen, sollten Online-Kurse auch hinsichtlich der Barrierefreiheit, User-Führung oder Nutzungsrechte am besten von Personen kontrolliert werden, die nicht am Erstellungsprozess beteiligt gewesen und somit diesbezüglich noch nicht „betriebsblind" sind. Weiterhin ergeben sich oft andere Notwendigkeiten wie die korrekte Nennung von Veranstalter*innen und Förderungen, die ebenfalls vor der Veröffentlichung überprüft werden sollten.

Veröffentlichung

Um einschätzen zu können, ob sich die Teilnahme und der damit verbundene Zeiteinsatz für Interessierte selbst bei einem kostenlosen Lernangebot lohnt, sollte eine Informationsseite kurz die Lernergebnisse, -inhalte und Arbeitsformen beschreiben. Weitere wichtige Metadaten sind benötigte Vorkenntnisse sowie die Kurslaufzeit und der erwartete Workload[8].

Ob eine Anmeldung für den Online-Kurs nötig ist, hängt einerseits von den konzeptionellen Erfordernissen, andererseits von der eingesetzten Plattform ab.

Um die Auffindbarkeit in den bekannten Suchmaschinen zu fördern, sollten gängige Maßnahmen zur Suchmaschinenoptimierung ergriffen werden. Speziell für OER ist eine maschinenlesbare Angabe der Lizenz nötig.

Nachnutzung

Die meisten Open-Source-Systeme ermöglichen prinzipiell den Export einer Kursdatei, über die er auch auf anderen Plattformen bereitgestellt werden kann, wenn diese auf der gleichen Software basieren. Eine Download-Option steht nur selten zur Verfügung, denn der Kurs verändert sich über die Zeit und auch der Ausschluss personenbezogenen Daten der Teilnehmenden müsste sichergestellt werden.

Es ist aber ohnehin häufig einfacher und zielführender, Online-Kurse nicht als Ganzes, sondern in ihren Einzelteilen bedarfsgerecht zu kopieren und anzupassen. Eine einfache Möglichkeit zum Download einzelner Bestandteile des Kurses erscheint daher hilfreicher.

Beispiele

Der MOOC zu den „OER-Fachexperten[9]" richtet sich an freiberufliche Trainerinnen und Trainer und vermittelt neben den Grundkenntnissen rund um OER auch strategische Überlegungen zum eigenen Geschäftsmodell. Die Teilnehmenden konzipieren hierfür selbst ein OER-Projekt, das sie im Laufe des MOOCs umsetzen und bezüglich ihrer eigenen Strategie reflektieren. Die Lernmaterialien sind dabei ein Remix aus eigenen Produktionen und frei lizenzierten Videos und Aufgaben. Die technologische Grundlage bietet die stark angepasste Moodle-Plattform oncampus.de[10], wobei die Videos auf YouTube[11] gehostet werden. Interaktive Aufgaben im Kurs wurden mit dem H5P-Plugin[12] umgesetzt und sind somit auch auf andere Plattformen übertragbar, die H5P[13] unterstützen oder einbetten können.

Beim Unkurs „Edunauten[14]" wurde gemeinsam das „FAQ Online Lernen[15]" erstellt. Dabei erarbeiteten die Lernenden gemeinsam Fragestellungen rund um zeitgemäßes Online-Lernen und formulierten Antworten darauf. Als technische Basis kam Wordpress mit dem Plugin Buddypress[16] zum Einsatz. Die Kommunikation erfolgte über einen Mail-Verteiler. Hier wurden tägliche Updates und Anregungen zum Mitmachen verschickt. Die Lernenden konnten selbst entscheiden, unter welcher offenen Lizenz und mit welcher Namensnennung die von ihnen erstellten Arbeitsergebnisse veröffentlicht wurden.

Kollaboration bei Online-Kursen

Bei Online-Kursen ist die gemeinsame Arbeit mit mehreren Personen nicht nur möglich, je nach Umfang des Kurses wird sie sogar sehr empfohlen oder wird durch Umfang und Komplexität der vielfältigen Aufgaben nötig.

Die Erstellung der einzelnen Kursbausteine kann einerseits in verschiedene Hände gelegt werden, andererseits kann auch jedes Element meist von mehreren Personen bearbeitet werden. Umfang und Organisation ist dabei meist von der jeweiligen Elementart z. B. Texten (vgl. S. 71), Bildern (vgl. S. 27), Aufgaben (vgl. S. 3) abhängig. Bei der Zusammenstellung des Kurses aus diesen Elementen ermöglichen die meisten Plattformen die gemeinsame oder verteilte Bearbeitung, es sollte aber eine Person geben, die die Übersicht über die Aufgaben und den Produktionsstand behält. Im laufenden Betrieb kann die Betreuung i. d. R. ebenfalls von mehreren Personen übernommen werden (bspw. für fachliche Fragen oder technischem Support).

Kollaboration ist ferner bei der Kursdurchführung unter Lernenden möglich.

---

[1] https://open-educational-resources.de/oer-tullu-regel/
[2] http://pb21.de/2013/07/how-to-maschinenlesbare-creative-commons-lizenzen/
[3] https://moodle.de/
[4] https://www.ilias.de/
[5] https://www.openolat.com/
[6] https://de.wordpress.org/
[7] http://https./hypothes.is
[8] https://de.wikipedia.org/wiki/Workload
[9] https://www.oncampus.de/oerexp
[10] https://www.oncampus.de/
[11] https://www.youtube.com/
[12] https://h5p.org/moodle
[13] https://h5p.org/
[14] http://edunauten.de/
[15] https://faq-online-lernen.de/
[16] https://de.wordpress.org/plugins/buddypress/

Bildung auf die Ohren – Der Gold-Standard zur Veröffentlichung von Podcasts als OER

Gabi Fahrenkrog, Chris Dies

Podcasts sind beliebt und sie lassen sich sehr gut auch als OER produzieren und veröffentlichen. Wie es gelingen kann, den bestmöglichen offenen Standard, den Gold-Standard für OER, für dieses Format zu erreichen, beschreiben Gabi Fahrenkrog und Chris Dies in diesem Beitrag.

Der Gold-Standard für Podcast als OER, Grafik: Jula Henke, Agentur J&K – Jöran und Konsorten für OERinfo, Informationsstelle OER, CC BY 4.0.

Einleitung

Podcasts eignen sich grundsätzlich für den Einsatz in allen Bereichen der Bildung. Für das selbstgesteuerte Lernen im Kontext Lebenslangen Lernens eröffnen Podcasts mobile und flexible Lernwege. Beim Selbstlernen mit Podcasts können eigene Lernbedürfnisse festgelegt werden, sowie eigene Lernziele bestimmt, organisiert und reguliert werden. Darüber können Lernende den Lernort und die Lernzeit selbst bestimmen.

In institutionellen Kontexten können über Podcasts der Support der Lernenden, Transparenz der Lehre, Kontaktpflege zu den Alumni der Institution und eine Steigerung der Reputation der Institution erreicht werden. Außerdem können Podcasts zur Unterstützung des Lernens und Lehrens sowohl passgenau auf eine Zielgruppe zugeschnitten, als auch darüber hinaus für andere Interessierte konzipiert sein.

Um die Vorteile von Podcasts voll ausschöpfen zu können, sollten einige Voraussetzungen erfüllt sein:

- gute Qualität der Aufnahme im Hinblick auf Lautstärke, Hintergrundgeräusche, Sprach- und Stimmqualität,
- gute Qualität der Audiodatei im Sinne einer einfachen Navigation, angemessenen Kodierung in einem Standard-Dateiformat und
- gute Qualität der Bereitstellung über gute Auffindbarkeit und Erreichbarkeit der Datei sowie Aktualität des Kanals, über den der Podcast zur Verfügung gestellt wird.

Das Format Podcast als OER

Podcasts eignen sich sehr gut, um als OER produziert und veröffentlicht zu werden. Sie können relativ einfach mit Open Source Software produziert und auch weiter genutzt werden. Es lassen sich beispielsweise Zitate zum Remixen rausschneiden. Ein Lizenzhinweis kann dem Medium entsprechend als gesprochener Text angefügt oder auch als Texthinweis in den schriftlichen Informationen, z. B. bei Podlove[1] im Podcast-Player angezeigt werden.

Created by Jejen Juliansyah Nur Agung from Noun Project

Podcast, Grafik: Jejen Juliansyah Nur Agung, CC BY 4.0.

Ein wesentlicher Vorteil von Podcasts aus der Sicht der Zuhörenden liegt darin, dass sie selbst entscheiden können, wann und wo sie den Podcast hören wollen. Podcasts können zudem zu einer höheren Inklusivität beitragen, denn mit ihnen werden Menschen angesprochen, die z. B. über Textmedien nicht so gut erreicht werden.

Besonderheiten

Es gibt eine Reihe von guter und frei verfügbarer Software für die Podcast-Produktion und Distribution. Daher ist es relativ einfach, selbst Podcast als OER zu produzieren und zu verbreiten.

Im Kontext von Lernen und Lehren können Podcasts zu sehr unterschiedlichen Zwecken eingesetzt werden: Zur Präsentation von Lehr-/Lerninhalten, für die Verbreitung von Mitteilungen und Informationen, zur Interaktion zwischen Nutzer*innen und Institutionen oder auch für die Zusammenarbeit (Kollaboration) bei bestimmten Themen oder Themenfeldern.

Formen können dabei für Lernende sein:

- Referate in Form von Podcasts
- Ergebnisdarstellung von Projektarbeiten
- Podcasts zur Reflektion
- Sprachtraining
- Audioguides

Für Lehrende sind u. a. diese Formen denkbar:

- Inputs, Vorlesungs- und Seminarmitschnitte, auch angereichert um weitere Formate, wie z. B. Präsentationsfolien
- Kommentare zu Übungen und Aufgaben
- Ergänzende Informationen, z. B. Forschungsergebnisse, Literaturhinweise und aktuelle Bezüge
- Interviews mit Lernenden, Expert*innen, Projektbeteiligten usw.
- als Rückmeldung an Lernende
- Live-Podcast als Audio-Konferenz

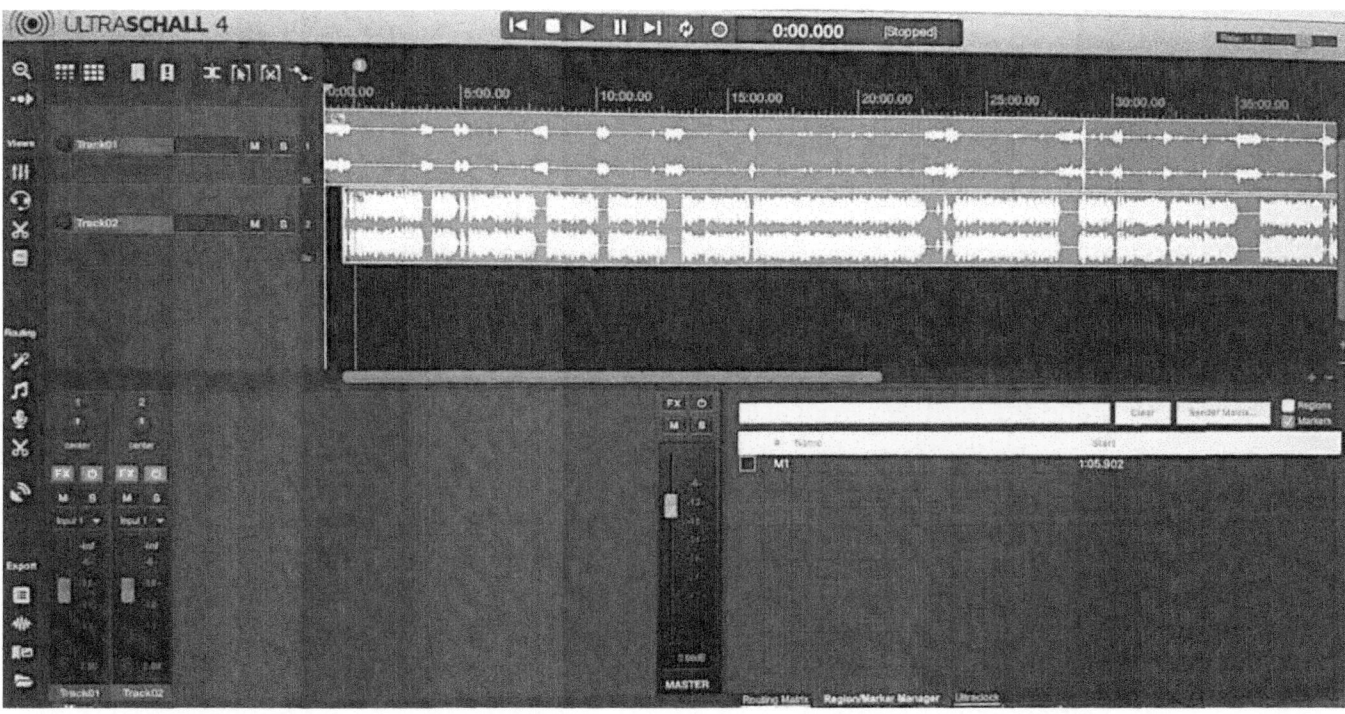

Audiobearbeitung mit Ultraschall, Foto: Gabi Fahrenkrog, CC0 1.0.

Das ideale OER beim Format Podcast

In der Vorbereitung und Planung eines Podcasts können bereits viele Aspekte abseits von technischen Fragen mit gedacht werden, die „Offenheit" bedeuten.

Inhalte können so aufbereitet sein, dass sie auch außerhalb der potenziellen Zielgruppe als interessant wahrgenommen werden. Dazu kann z. B. auf ausgeprägte Fachsprache und auf die Verwendung von Fremdwörtern verzichtet werden. Offenheit wird aber auch signalisiert, wenn sich Zuhörende in das Podcast-Geschehen eingebunden fühlen und der Eindruck vermittelt wird, die Sprecher*innen haben sie beim Podcasten stets im Blick.

Dazu sollte etwa gehören, dass in den Podcasts auf zeitliche Bezüge verwiesen wird. Sprechen die Menschen im Podcast z. B. über Themen, die in der Vergangenheit oder der Zukunft liegen, ist es für

Zuhörende hilfreich, wenn dies deutlich gemacht wird. Was Menschen tun, während sie podcasten, ist für Zuhörende nicht ersichtlich. Etwa zu erklären, wo der Podcast aufgezeichnet wird und was vielleicht außerdem gerade drumherum passiert, vermittelt den Zuhörenden einen authentischen Eindruck von der Podcast-Situation.

Technische Offenheit bezieht sich bei Podcasts auf die verwendete Software, auf das Dateiformat, auf die Frage der Auffindbarkeit und Zugänglichkeit sowie der Möglichkeiten zur Nachnutzung des Podcasts.

Grundsätzlich ist ein Podcast als OER durch folgende Merkmale gekennzeichnet:

- Der Erstellung mit offener Software.
- Die Bereitstellung der Dateien erfolgt in offene, nicht-proprietären Dateiformaten.
- Es gibt einen offenen RSS-Feed, über den der Podcast abonniert werden kann.
- Aspekte der Barrierefreiheit wurden berücksichtigt.
- Es gibt Shownotes zum Podcast, in denen wenigstens genannte URLs verlinkt sind.
- Der Podcast wird mit maschinenlesbaren Metadaten bereitgestellt.
- Alle Bestandteile sind offen lizenziert (CC0[2] oder CC BY 4.0[3]).
- Alle Dateien sind über mindestens eine frei zugängliche Plattform verfügbar.

Für den Gold-Standard wird ein Podcast bspw. mit der offenen Software Ultraschall.FM[4] oder Audacity[5] produziert. Beide Programme eignen sich auch als Schnittprogramm. Ultraschall.FM bietet sich in diesem Fall besonders an. Es ist ein Open Source Projekt von Podcastenden für Podcastende. Für den Einsatz von Ultraschall.FM ist allerdings die vorige Installation der kostenpflichtigen Audiosoftware Reaper[6] erforderlich (hier gibt es eine 60-Tage-Testversion mit dem vollen Funktionsumfang). Wird der Podcast von mehreren Akteur*innen an verteilten Orten aufgenommen, ist mindestens eine Software zur Realisierung des Audiochats nötig.

Außerdem wird der Podcast in einem offenen Dateiformat bereitgestellt (OGG[7], MP3[8] oder OPUS[9]). Das Besondere an diesen Formaten ist, dass der Quellcode Open Source ist.

Tools und Plattformen zur Bereitstellung von Podcasts

- Der fertige Podcast wird frei zugänglich zur Verfügung gestellt über einen RSS-Feed[10], der über neu verfügbare Inhalte, etwa neue Podcasts, auf einer Webseite informiert.
- Content Management Systeme CMS[11] wie der Software Wordpress[12] für Blogs, in Verbindung mit der Software Podlove zum Veröffentlichen von Podcasts.
- Vimeo[13], einem Dienst, bei dem die selbst hochgeladenen Dateien zum Download bereitgestellt werden können.
- YouTube[14], wobei dort eine Downloadfunktion nur über das Premium-Abo[15] zur Verfügung steht.
- Soundcloud[16] ermöglicht es ebenfalls Podcasts hochzuladen und erstellt auch einen entsprechenden RSS-Feed. Hier ist es wichtig in den Einstellungen darauf zu achten, dass eine OER-Lizenz (CC0, CC-BY) gewählt wird und der direkte Download der Episoden möglich ist.

Beim Veröffentlichen auf einer Drittplattform wie YouTube oder Soundcloud unterliegt der Podcast den Nutzungsbedingungen der jeweiligen Plattform. Somit kann zukünftig nicht gewährleistet werden, dass der Podcast immer auffindbar sein wird. Die beste Variante zur Veröffentlichung bei der die volle Kontrolle über die Auffindbarkeit und Weiterverwendung besteht ist daher die Verwendung einer eigenen Website mit einem CMS wie Wordpress und dem Plugin Podlove.

Podcasts nutzen und nachnutzen

Die einfache und damit offene *Nutzung* eines Podcasts kann gewährleistet werden durch

- das Hinzufügen von Kapitelmarken[17], die es ermöglichen, die Themen einer Episode mit einer Zeitmarke zu versehen, so dass zwischen den Themen schnell navigiert werden kann.
- Das Einfügen von Shownotes[18], die weiterführende Informationen zu den im Podcast erwähnten Personen, Institutionen, Webseiten usw. liefern.
- Ergänzende Bilder und Grafiken im Beitrag, die einen Sachverhalt, der verbal schwierig zu beschreiben ist, unterstützend veranschaulichen.
- Möglichkeiten des Rückkanals für Feedback und für den Austausch mit Zuhörenden, z. B. über eine Kommentarfunktion im Blog-Beitrag[19].

Eine *Nachnutzung* von Podcast-Dateien ist einfach möglich, wenn

- das Schnittprojekt und alle dazu gehörenden Audiodateien mit zum Download angeboten werden, damit
- ein Podcast zitiert und einzelne Abschnitte herausgeschnitten werden können,
- der Podcast bearbeitet und z. B. mit neuer Musik unterlegt werden kann.

Die Auffindbarkeit von Podcasts

Der Podcast ist gut auffindbar und offen zugänglich,

- wenn er mit maschinenlesbaren Metadaten in Form von Schlagworten oder standardisierten OER-Metadaten[20] veröffentlicht wurde,
- wenn es für die Suche nach Podcasts unter freier Lizenz einen (maschinenlesbaren) Lizenzhinweis gibt,
- wenn er über bekannte Wege und eingeführte Plattformen zur Veröffentlichung bereitgestellt wird.

Lizenzhinweis bei Podcasts

Der Lizenzhinweis kann bei Podcasts auf unterschiedliche Weise angebracht werden. Dem Medium entsprechend könnte der Lizenzhinweis innerhalb des Podcasts auch gesprochen werden. Dies ist allerdings kein übliches Vorgehen, zumal der Link zur Lizenz dann ebenfalls vorgelesen werden müsste.

Es gilt, laut Empfehlung bei den Fachleuten von iRights.info[21], dass der Lizenzhinweis so nah am Werk angebracht sein muss, wie es möglich ist, ohne den Eindruck der Gesamtpräsentation allzu sehr zu stören. Dabei kann sich der Lizenzhinweis aber grundsätzlich überall dort befinden, wo ihn die Betrachter*innen jeweils vermuten würden. Eine Einführung zur Frage, wie und wo ein Lizenzhinweis anzubringen ist, bietet auch das Video „Creative Commons Lizenzen und ihre korrekte Verwendung[22]".)

Angebracht werden kann der Lizenzhinweis also etwa in den Shownotes, im Begleittext zum Podcast oder auch innerhalb des Podcasts als gesprochener Text.

Eine Übersicht mit praxistauglichen Hinweisen und Tipps zur Kennzeichnung und Veränderung von Creative Commons Lizenzen[23] bei OER bietet ein FAQ bei wb-web[24].

Für eine der korrekte Angabe der Lizenz bietet der Creative Commons Licence Chooser[25] eine Unterstützung.

Die No-Go's beim Format Podcast

Soll ein Podcast wirklich offen als OER verfügbar sein, eignen sich die Verwendung von proprietärer Software und Technik für die Produktion, sowie geschlossene Plattformen zur Veröffentlichung, nicht. Verzichtet werden sollte auf

- die Verwendung von Software, die nicht Open Source ist,
- proprietäre Dateiformate, die nur mit geschlossener und nicht frei verfügbarer Software genutzt und bearbeitet werden können,
- die ausschließliche Veröffentlichung auf Spotify[26], Apple Podcast, Audible[27] und anderen Streaming-Plattformen, da hier die Podcast-Dateien nicht als Download verfügbar sind und nicht in den Podcatcher geladen werden können, (trotzdem kann für eine verbesserte Auffindbarkeit der RSS-Feed des Podcasts z. B. bei Apple gelistet werden)
- Plattformen zur Veröffentlichung von Podcasts, für die eine Registrierung notwendig ist und die nur gegen Bezahlung genutzt werden können (Paywall[28]).

> *Extra: Der „ist okay"-Standard*
>
> *Ein vertretbarer Kompromiss zum Gold-Standard ist:*
> *Die Bereitstellung des Podcasts ohne Projekt-Files.*
> *Die Bereitstellung des Podcasts als Audiodatei mit gängigen Dateiformaten, z. B. mp4[29] oder m4a[30].*
> *Eine Produktion/Bearbeitung mit proprietärer Software und daraus resultierenden Dateiformaten, solange sie mit gängigen Programmen bearbeitet bzw. abgespielt werden können (Bsp.: Format AAC[31]).*

Offene und empfehlenswerte Tools für Podcasts

Tools für die Produktion/Erstellung und die Bearbeitung von Podcasts

- Ultraschall.FM ist ein Open-Source-Add-On für die proprietäre Software Reaper für Aufnahme und Produktion der Podcasts.

- Audacity[32] ist ein Open Source Programm zur Bearbeitung von Audio-Dateien.
- Studio-Link[33] eine Open Source Software zum Aufzeichnen von Gesprächen via Audio-Chat und Telefon, zumeist an verteilten Orten.
- Auphonic[34] ist ein Online-Tool (auch als Smartphone-App für Android und iOS), um Audio- und Videodateien umzuwandeln, zu optimieren und mit weiteren Informationen auszustatten.

Kollaboration bei Podcasts

Insbesondere dann, wenn mehrere Personen zusammen ein Podcastprojekt umsetzen, kann die Vorbereitung, Konzeption und Planung sehr gut kollaborativ gestaltet werden. Die Aufzeichnung von Podcasts ist in den meisten Fällen ein kollaborativer Prozess, weil Podcasts oft als Gespräche zwischen zwei oder mehr Menschen stattfinden, die aufgezeichnet werden.

Im Bildungskontext bieten sich verschiedene Formen an, die kollaborativ erarbeitet und produziert werden, z. B. Ergebnisdarstellungen, Audio-Tutorials, Interviews oder Audio-Konferenzen.

Zum Weiterlesen

Sendegate[35] – Forum der Podcast-Community

Wiki-Seite der Universität Halle: Podcast – Digital lehren[36]

e-teaching.org[37] – Didaktik und Einsatzmöglichkeiten von Podcasts

Educasting. Wie Podcasts in Bildungskontexten Anwendung finden[38] (PDF)

---

[1] https://podlove.org/
[2] https://creativecommons.org/publicdomain/zero/1.0/deed.de
[3] https://creativecommons.org/licenses/by/4.0/deed.de
[4] https://ultraschall.fm/
[5] https://www.audacityteam.org/
[6] https://www.reaper.fm/
[7] https://de.wikipedia.org/wiki/Ogg
[8] https://de.wikipedia.org/wiki/MP3
[9] https://de.wikipedia.org/wiki/Opus_(Audioformat)
[10] https://de.wikipedia.org/wiki/RSS_(Web-Feed)
[11] https://de.wikipedia.org/wiki/Content-Management-System
[12] https://de.wikipedia.org/wiki/WordPress

[13] https://vimeo.com/de/

[14] https://www.youtube.com/

[15] https://www.youtube.com/premium

[16] https://soundcloud.com/

[17] https://hilfe.podigee.com/article/233-kapitelmarken

[18] https://www.podcast.de/glossar/Shownotes/

[19] https://open-educational-resources.de/goldstandard-podcast/

[20] https://open-educational-resources.de/oer-und-das-geheimnis-der-metadaten-ergebnisse-des-oerinfo-workshops/

[21] https://irights.info/artikel/faq-oer-creative-commons-lizenzen/25467

[22] https://open-educational-resources.de/101-creative-commons-lizenzen-und-ihre-korrekte-verwendung/

[23] https://de.creativecommons.net/was-ist-cc/

[24] https://www.wb-web.de/material/medien/faq-kennzeichnung-und-veranderung-von-oer.html

[25] https://creativecommons.org/choose/?lang=de

[26] https://www.spotify.com/de/

[27] https://www.audible.de/

[28] https://de.wikipedia.org/wiki/Paywall

[29] https://de.wikipedia.org/wiki/MP4

[30] http://www.apfelwiki.de/Main/M4A

[31] https://de.wikipedia.org/wiki/Advanced_Audio_Coding

[32] https://www.audacity.de/

[33] https://studio-link.de/

[34] https://auphonic.com/

[35] https://sendegate.de/

[36] https://wiki.llz.uni-halle.de/Podcast

[37] https://www.e-teaching.org/didaktik/gestaltung/ton/podcast

[38] https://www.pedocs.de/volltexte/2013/8351/pdf/L3T_2013_Zorn_et_al_Educasting.pdf

Mit Spielen lernen – Der Gold-Standard für Spiele als OER

Daniel Behnke

Sprechen wir von „Spielen", denken wir nicht sofort an Bildung und Lernen. Dabei gibt es eine Vielzahl an Spielen, die extra für Lernzwecke entwickelt wurden. Wie das geht, Spiele als OER zu entwickeln und wie man Spiele am besten offen, also gemäß dem Gold-Standard, veröffentlicht, erklärt Daniel Behnke.

Der Gold-Standard für Spiele als OER, Grafik: Jula Henke, Agentur J&K – Jöran und Konsorten für OERinfo, Informationsstelle OER, CC BY 4.0.

Warum mit Spielen lernen? Von Brokkoli mit Schokoguss und schmackhafteren Rezepturen

Wir alle spielen. Ob Fußball, Siedler oder Tetris. Spielen ist eine alltägliche Freizeitbeschäftigung. Woran man beim Thema „Spielen" jedoch vielleicht nicht sofort denkt: Bildung & Lernen.

Dabei sind Lernen & Spielen eng miteinander verknüpft. Spiele stellen uns vor interessante Herausforderungen. Um Spiele zu gewinnen, müssen wir (kreative) Lösungen erarbeiten. Und in vielen Spielen müssen wir Wege finden, mit unseren Mitspieler*innen zielführend zusammenzuarbeiten. Einfach gesagt: Wir müssen *lernen,* um die Herausforderungen zu meistern.

Außerdem gibt es viele Spiele, die gezielt für Lernzwecke entwickelt werden, digitale wie analoge. Diese *Lernspiele* werden jedoch hier und da auch kritisch beäugt. Nicht zuletzt, weil derartig angepriesene Spiele für die Spieler*innen des Öfteren nach Chocolate-Covered Broccoli[1] schmecken. Soll der gesunde Lerninhalt etwa unter süßen Spielereien versteckt werden? Ist es gar kein „richtiges" Spiel?

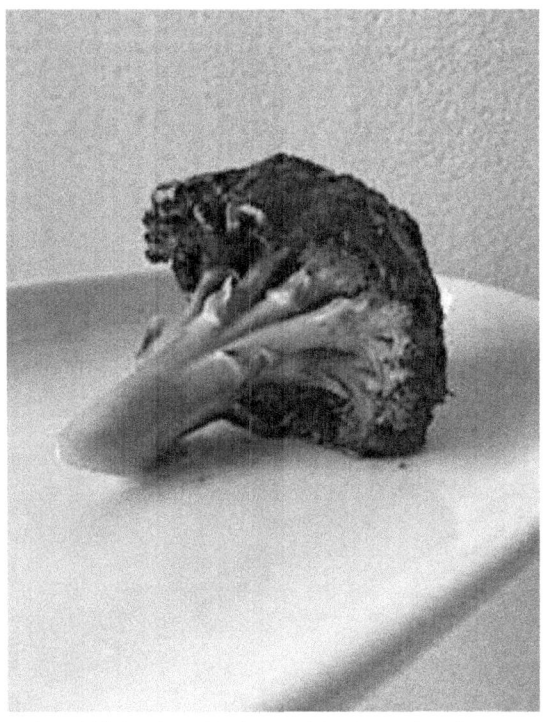

Keine wirklich schmackhafte Kombination: „Chocolate-Covered Broccoli", Foto: Daniel Behnke, CC BY 4.0.

Dieser Artikel beschreibt, wie man Spiele als OER entwickeln kann. Dabei wird eine Rezeptur vorgestellt, die (hoffentlich) zu etwas schmackhafteren Erlebnissen führt als der „Brokkoli mit Schokoguss".

Spiele als OER

Besonderheiten – Was gibt es zu beachten?

Spiele sind multimedial.

Das gilt für analoge Spiele, die aus den unterschiedlichsten physischen Spielmaterialien mit Texten & Illustrationen bestehen. Z. B. aus Spielkarten, Würfeln oder Figuren. Und es gilt für digitale Spiele, die neben Grafiken & Texten meistens Animationen, Sound und Musik enthalten. Außerdem bestehen sie aus Programmcode.

Für den Einstieg in die Spielentwicklung geeignete Spielelemente (Institute of Play, 2018). Grafik: Daniel Behnke, CC BY 4.0.

Spiele bestehen aus ...

ja woraus eigentlich? Es gibt keine klare Definition davon, was ein Spiel ist. Es gibt so viele unterschiedliche Arten & Formen von Spielen, dass man keine pauschale Antwort geben kann (Schell, 2015[2]). Für den pragmatischen Einstieg in die Spieleentwicklung eignen sich z. B. diese sechs Grundelemente. Denn mit ihnen bewegt man sich deutlich in Richtung Spielerlebnis.

Einzelne Spielbestandteile bereitstellen:

Neben dem nutzbaren Spiel – z. B. das fertiggestellte Karten- oder Videospiel – sollten auch die einzelnen Spielbestandteile so bereitgestellt werden, dass diese bearbeitet und zu neuen OER-Materialien verarbeitet werden können. Dazu zählen alle Komponenten, Grafiken, Texte, Audios, Skripte usw. – d.h. alle Teile des Spiels, die separat bearbeitet werden können.

Spiele benötigen ggf. mehrere Lizenzarten.

Wenn Spiele aus verschiedenen Materialien bestehen, braucht es die passende Lizenzart, unter der die einzelnen Materialien als OER bereitgestellt werden können. Ein Kartenspiel besteht (an Komponenten) v.a. aus Karten, auf denen sich Texte, Grafiken oder Fotos befinden. Ein digitales Spiel besteht u.a. aus Code/Skripten, Audios, Sounds, Animationen. Die Lizenzart ist abhängig von der Art des Materials. Zu vielen dieser Materialarten bzw. zu den dafür notwendigen Lizenzarten finden sich Beispiele in den Artikeln dieser Reihe.

Das ideale OER-Format für Spiele

… gibt es nicht. Wie erwähnt gibt es diverse Spielformate, die aus den unterschiedlichsten Materialien bestehen und in allen erdenklichen Medienarten beheimatet sind. Es gibt aber einige Formate, die gerade in Bildungskontexten vermehrt genutzt werden. Der hier beschriebene Entwicklungsansatz – d.h. der Fokus auf die oben beschriebenen 6 Spielelemente sowie die Arbeit mit einem Game Design Document und das iterative Vorgehen (s.u.) – ist z. B. geeignet für *interaktive Stories, Point-and-Click-Adventures und Print-and-Play-Spiele*. Er lässt sich aber auch auf viele andere Formate wie etwa EduBreakouts[3] übertragen.

Die No-Gos bei OER-Spielen

Urheberrechte übergehen:

Die Spielerlebnisse, die Spielautor*innen und alle am Designprozess Beteiligten erschaffen, verdienen Anerkennung. Bloße Kopien oder einfache Mods (wie etwa die Änderung des Spielthemas bei gleichzeitiger Übernahme des restlichen Spiels) ohne die Zustimmung der Rechteinhaber*innen sind nicht akzeptabel.

Vorhandene OER-Spiele ungenutzt lassen:

Bestehende OER-lizenzierte Spiele sollten unbedingt weiterverwendet, geteilt und ge-remixed werden.

Chocolate-Covered Broccoli anbieten:

Diese Mischung ist wie aufgezeigt nicht erstrebenswert. Kurze spielerische Phasen mit ansonsten formalen, expliziten Lernphasen abzuwechseln, ist z. B. selten zielführend. Dadurch unterbricht man sehr wahrscheinlich den Spielfluss (Kerres, Bormann, Vervenne, 2009). Die Abstimmung von didaktischen & spielerischen Aspekten ist ein wichtiges, lernrelevantes Entwicklungsziel.

Fehlende Lernziel-und-Kernmechanik-Abstimmung:

Dabei handelt es sich um eine Methode, die spielerischen und didaktischen Aspekte aufeinander abzustimmen[4] (s.a. Boller & Kapp, 2017[5]). Die Tätigkeiten, die man beim Erreichen der angestrebten Lernziele beherrscht, werden dabei mit den wesentlichen Tätigkeiten im Spiel (also mit den Kernmechaniken) abgestimmt.

Spielentwicklung ohne Einbindung in Lernszenarien:

Entwickelt man Spiele für einen Lernzweck, sollte man Hinweise zur konkreten Anwendung geben, z. B. in Form didaktischer Begleitmaterialien.

Lizenzierung

Für die meisten Materialien (Bilder, Texte, Musik, etc.) eignen sich die CC-Lizenzen. Was beim jeweiligen Material zu beachten ist, wird in den entsprechen Artikeln dieser Reihe erläutert.

Stellt man Spiele als Software bereit, dürfen nur die selbst erstellten (Code-)Bestandteile als OER geteilt werden – bzw. nur Skripte, die weitergegeben werden dürfen – und nicht etwa im Code referenzierte, proprietäre Programmbibliotheken.

Außerdem muss man bei digitalen Spielen darauf achten, dass die erstellten Inhalte (Skripte, Animationen, Grafiken, Texte, Audios etc.) unter einer passenden offenen Lizenzierung bereitgestellt werden. Hinweise zu verschiedenen Lizenzen gibt es z. B. bei GNU.org[6].

Offene und empfehlenswerte Tools für OER-Spiele

Produktion: Erstellung und Bearbeitung

Es bietet sich an, vorhandene OER-Games zu remixen, z. B. das BNE/OER-Quartett[7], das Sketchnote-Game, die Spiele der Green Box of Games[8] oder die HOOU-Lernangebote zum Spielerischen Lernen[9].

Educational Game Design/Analysis Template   v2 2019-11-01

Didaktischer Rahmen   Game Design

Bedingungsfelder
Rahmen (Raum, Zeit,…)

Ziel

Komponenten

Lernziele

Challenge (Problemorientierung)

Lerninhalte

Regeln

Kerndynamik
(max. 1-2; LG-CM-Alignment)

Zielgruppe

Entscheidungsfelder > Game Design

Methode	>	Spiel
	>	
Medium	>	Komponenten
	>	
Organisation	>	Regeln
	>	
	>	Ziel

Weitere Spielmechaniken

Raum

Beispiel für ein sehr einfaches Game Design Document (GDD). Wie ein GDD genau aussieht und was es alles umfasst, entscheidet jede*r Entwickler*in bzw. jedes Team selbst , Grafik: Daniel Behnke, CC BY 4.0.

Daneben kann man z. B. auch von einzelnen Genres (z. B. Point-and-Click Adventures oder Escape Rooms) oder von einzelnen Spielmechaniken ausgehen (z. B. Card Drafting oder Set Collection). Dann gilt es weitere passende Spielelemente zu finden, um ein spielerisches Erlebnis zu erschaffen. Beginnen kann man z. B. mit Hilfe der o.g. sechs Grundelemente.

Außerdem helfen etablierte Techniken & Tools des Game Designs einerseits und des didaktischen Designs andererseits.

Ein Game Design Document, also ein Dokument in dem wesentliche Designentscheidungen festgehalten werden (z. B. Zielgruppe, Spieldauer, Anwendungszweck) kann sehr hilfreich sein, gerade wenn man im Team arbeitet. Außerdem hat man so direkt die wichtigsten Daten für die Veröffentlichung parat (s.u.).

Der Game Design-Zyklus, der den häufig anzutreffenden iterativen Design-Prozess beschreibt, lenkt den Fokus auf die wesentlichen Design-Schritte. Hervorgehoben werden sollen an dieser Stelle die Arbeit mit Prototypen und Playtesting: Erstere helfen, die eigenen Ideen in konkrete, testbare und

Der Game Design-Zyklus beschreibt ein mögliches Vorgehen bei der Spielentwicklung. Grafik: Daniel Behnke, CC BY 4.0.

bearbeitbare Form zu bringen. Sie können dann beim Playtesting auf Herz und Nieren geprüft werden, idealerweise mit der Zielgruppe.

Die passenden Tools zur Erstellung hängen von der Art des Spiels ab. Interaktive Stories können mit Twine[10] erstellt werden. Hilfreiche Informationen zur Arbeit mit diesem Tool bietet die Initiative Creative Gaming unter Medienkompetent mit digitalen Spielen[11]. Auch h5p[12] kann zur Erstellung interaktiver Videogeschichten im Stile von Bandersnatch[13] genutzt werden. Letztlich ist die Wahl des richtigen Tools eine Frage der Kreativität; man könnte z. B. auch nur eine Videospur mit verschiedenen Time Indizes erstellen, zwischen denen man – sozusagen wie bei einem klassischen Adventure Book – hin und her springt, um die Story durchzuspielen.

Point-and-Click-Adventures können mit Unity[14] erstellt werden, einer sehr vielseitigen Entwicklungsplattform. Wie bereits angemerkt, muss man bei der Nutzung solcher Entwicklungsumgebungen genau darauf achten, wie man hinsichtlich OER damit arbeiten kann.

Zur Erstellung von Print-and-Play-Spielen können diverse Grafik- und Textbearbeitungsprogramme genutzt werden.

Veröffentlichung

Das fertige Spiel kann je nach Art unterschiedliche bereitgestellt werden. Print-and-Play-Dateien können z. B. über OER-Plattformen wie tutory.de[15] oder ZUM-Unterrichten[16] geteilt werden. Ausführbare Dateien können u.a. als HTML5-Dateien bereitgestellt werden. Quelldateien bzw. die einzelnen Spielkomponenten können z. B. via GitHub[17] (mit entsprechenden READ ME und LICENCE-Dateien versehen) veröffentlicht werden.

Damit ein Spiel größeren Anklang bei möglichen Anwender*innen findet, lohnt es sich auch, gezielt Zusatzinformationen bereitzustellen; sowohl zum Spiel selbst (wie funktioniert es, was ist das Ziel, ...) als auch zu den intendierten Lernsituationen, in denen das Spiel eingesetzt werden kann. Dazu zählen z. B. die Spielvorbereitung, die Hinführung zum Spiel, der Rollout (Regelerklärung und Einstieg ins Spiel), die Durchführung und das Debriefing bzw. die Anknüpfung ans Spiel in der jeweiligen Lernsituation (z. B. durch Reflexion, Diskussion oder anschließende Arbeitsaufträge).

Für analoge Spiele ist es wichtig, dass die Spielregeln klar und verständlich vermittelt werden – idealerweise mit erläuternden Bildern.

Des Weiteren sollten Metadaten zwecks Maschinenlesbarkeit und damit für eine bessere Auffindbarkeit des Spiels geteilt werden. Dabei hilft z. B. das LRMI-Vokabular[18].

Nachnutzung

Alle Quelldateien sollten so „unvermischt" wie möglich veröffentlicht werden, damit man die Komponenten einzeln verändern kann. Natürlich muss man sicherstellen, dass man für alle geteilten Materialien, die entsprechenden Rechte hat (z. B. für Sounds, Musik, Grafiken).

Die Dokumentation der Designentscheidungen (z. B. im Game Design Document), didaktische Hinweise sowie Begleitmaterialien sind ebenfalls für die Nachnutzung interessant. So erhält man schnell einen Überblick, was man ändern muss, z. B. wenn man das Spielformat beibehalten, den Lerninhalt aber austauschen möchte.

Wohin mit den Lizenzangaben?

Bei Print-and-Play-Spielen können die Angaben auf den (auszudruckenden) Spielmaterialien angegeben werden (z. B. auf der Spielregel). Bei digitalen Spielen bietet es sich an eine LICENCE-Datei beizufügen. Außerdem können Lizenzangaben bei digitalen Angeboten direkt bei der Download-Datei oder im eigentlichen Spiel (z. B. Splash Screen, Title Screen oder im Menü) vermerkt werden. Außerdem sollten die Lizenzangaben wo möglich auch als Metadaten bereitgestellt werden (s.o.).

Kollaboration bei der Entwicklung von OER-Spielen

Kollaboration ist selbstverständlich in der Spielentwicklung. Es bedarf unterschiedlicher Expertisen, um ein Spiel zu verwirklichen. Die relevanten Rollen und Teamstrukturen kann man von Game

Studios abschauen und auf das eigene Team übertragen: Wer ist Game Designer*in, Educational Designer*in, Game Artist, Level Designer*in, Story Writer, Programmierer*in usw.

Gleichzeitig sollte man sich nicht von der Menge an Tätigkeitsbereichen aus der Games Branche einschüchtern lassen. Es gilt, nach Bedarf und ganz pragmatisch die Rollen auszufüllen, die konkret benötigt werden. Und man kann natürlich auch alleine oder zu zweit Spiele entwickeln. Dann gilt es v.a. das Spielprojekt auf ein machbares Maß zu skalieren, etwa indem man mit einfachen Materialien anfängt und z. B. ein OER-Kartenspiel als Print-and-Play entwickelt.

Egal, wie viele Personen an einer OER-Spiele-Produktion beteiligt sind, sie alle sollten für ihre Beiträge bei den Lizenzangaben (s.o.) erwähnt werden, ggf. mit einem Hinweis zur Rolle oder zu den beigetragenen Elementen (Game Design, Code, Game Art, Audio Design, ...).

Erwähnte Personen/Institutionen:

Boller, S. & Kapp, K. M. (2017). Play to learn. Everything you need to know about designing effective learning games. Alexandria, VA: ATD Press.

Brunborg-Næss, Jørgen (2017): Green Box of Games. Zugriff am 01.05.2020.

Creative Commons, LRMI-Vokabular. Zugriff am 01.05.2020.

ebildungslabor.org, BNE/OER-Quartett. Zugriff am 01.05.2020.

GitHub.com. Zugriff am 01.05.2020.

GNU.org, Various Licenses and Comments about Them. Zugriff am 01.05.2020.

H5P.com. Zugriff am 01.05.2020.

Hamburg Open Online University, Lernangebote zum Spielerischen Lernen. Zugriff am 01.05.2020.

Initiative Creative Gaming, Medienkompetent mit digitalen Spielen. Zugriff am 01.05.2020.

Institute of Play (aktiv 2007-2019).

Kerres, M., Bormann, M. & Vervenne, M. (2009). Didaktische Konzeption von Serious Games: Zur Verknüpfung von Spiel- und Lernangeboten._Medien- Pädagogik. Zeitschrift für Theorie und Praxis der Medienbildung. Zugriff am 01.05.2020.

Kerres, M. (2018): Mediendidaktik. Konzeption und Entwicklung mediengestützter Lernangebote. Berlin/Boston : DeGruyter/Oldenbourg.

Schell, J. (2015): The Art of Game Design: A Book of Lenses. Boca Raton: CRC Press.

Tiedmann, Wiebke & Maurer, Stefanie, Sketchnote-Game, Lizenz: CC BY-SA 4.0. Zugriff am 01.05.2020.

tutory.de. Zugriff am 01.05.2020.

twinery.org, Twine. Zugriff am 01.05.2020.

Unity.com. Zugriff am 01.05.2020.

Zirwes, O.: Gamification im Unterricht_(Padlet u.a. mit Hinweisen zu EduBreakouts). Zugriff am 01.05.2020.

ZUM.de, ZUM-Unterrichten. Zugriff am 01.05.2020.

---

[1] https://www.edutopia.org/blog/serious-games-not-chocolate-broccoli-matthew-farber
[2] Schell, J. (2015): The Art of Game Design: A Book of Lenses. Boca Raton: CRC Press.
[3] https://padlet.com/oliver_zirwes/phlmvm8d18p0
[4] https://digital-spielend-lernen.de/wie-kann-man-lerninhalte-und-spielelemente-miteinander-verbinden
[5] Boller, S. & Kapp, K. M. (2017). Play to learn. Everything you need to know about designing effective learning games. Alexandria, VA: ATD Press.
[6] https://www.gnu.org/licenses/license-list.html.en
[7] https://ebildungslabor.de/blog/quartett/
[8] https://greenboxofgames.com/
[9] https://www.hoou.de/clusters/2a410ba1-f9e1-4299-a89a-72fda0a58aab
[10] http://twinery.org/
[11] http://medienkompetent-mit-games.de/textadventure-mit-twine
[12] https://h5p.com/
[13] https://de.wikipedia.org/wiki/Black_Mirror:_Bandersnatch
[14] https://unity.com/
[15] http://tutory.de/
[16] https://unterrichten.zum.de/wiki/Hauptseite
[17] https://github.com/
[18] https://wiki.creativecommons.org/wiki/LRMI

Der Gold-Standard zur Veröffentlichung von Texten als OER

Henry Steinhau

Textformen als OER sind weit verbreitet. Welche Besonderheiten es bei diesem Format gibt, welche Werkzeuge die Erstellung, Bearbeitung und Veröffentlichung von Texten als OER unterstützen und worauf bei der Lizenzierung zu achten ist, beschreibt Henry Steinhau für OERinfo.

Der Gold-Standard für Texte als OER, Grafik: Jula Henke, Agentur J&K – Jöran und Konsorten für OERinfo, Informationsstelle OER, CC BY 4.0.

Einleitung

Eigene Texte als OER zu veröffentlichen ist leicht. Man schreibt etwas, beispielsweise eine Einführung zu einer geisteswissenschaftlichen Lehrveranstaltung oder mehrere Textaufgaben für den Mathematikunterricht oder die Erläuterung einer neuartigen Trainingsmethode. Ist der Text fertig, setzt man an dessen Ende einen vollständigen Lizenzhinweis für die gewählte Creative Commons- (CC-) Lizenz – etwa CC-BY – und lädt das so lizenzierte Werk auf einer geeigneten Website hoch. Fertig.

Wer für sein OER auch Texte nutzen will, die von anderen stammen und die unter einer CC-Lizenz als OER veröffentlicht wurden, darf sie teilweise oder auch komplett übernehmen beziehungsweise integrieren und als Nachnutzer selbst veröffentlichen. In diesem Fall gilt es, die Lizenzbedingungen der genutzten Texte einzuhalten und den zugehörigen Lizenzhinweis anzubringen.

Die Offenheit der freien Lizenzen ermöglicht, dass mehrere Personen kollaborativ an einem Text oder einem Textwerk arbeiten können, dass sich Texte von anderen beliebig bearbeiten lassen. So verändern sich diese Texte nach und nach, und je nach Bearbeitung und Art der Lizenz, müssen die Lizenzhinweise angepasst werden.

Finden in die freien Bildungsmaterialien mehrere Texte unterschiedlicher Urheber*innen Eingang oder haben Texte schon zahlreiche Bearbeitungen hinter sich, können die Lizenzhinweise schon mal etwas komplexer werden und auch ein wenig mehr Konzentration erfordern. Aber fürchten muss man das nicht.

Texte als OER

Um als offene Bildungsmaterialien zu gelten – Open Educational Resources, OER – müssen Texte unter freien Lizenzen veröffentlicht sein. Am besten unter den weltweit bekannten und millionenfach genutzten Creative Commons[2]-(CC-)Lizenzen. Die etwa zur Jahrtausendwende entwickelten Lizenzierungsmodelle kommen in sechs Varianten[3], von denen insbesondere die Lizenzbedingungen CC-BY und CC-BY SA als für OER geeignet eingestuft werden.

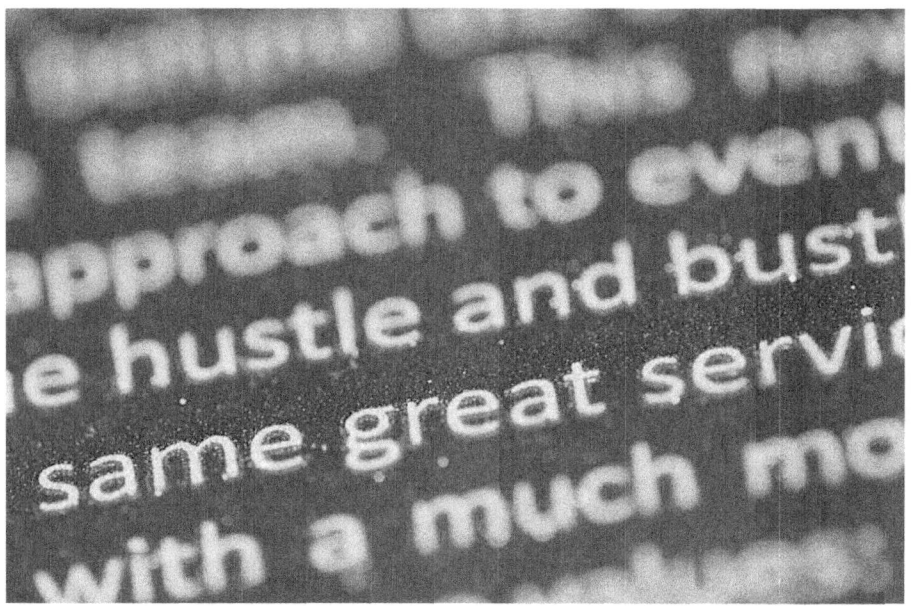

Zudem kommen auch die Freigabe Creative Commons Zero (CC0) oder gemeinfreie beziehungsweise als gemeinfrei deklarierte Inhalte in Frage. Da es in diesen Fällen keinerlei Bedingungen für deren Nachnutzung gibt, lassen sich derart freigegebene Texte unkompliziert in OER verwenden.

Foto: Mali Maeder (via stocksnap.io), CC0 1.0.

Besonderheiten

OER finden mehrheitlich in digitalen Umgebungen statt, denn dort sind sie mit Hilfe von Suchmaschinen und Portalen gut zu finden, unkompliziert zu übernehmen und auf technische Weise funktional aufgewertet, etwa durch direkt integrierte Meta-Informationen.

Insbesondere Texte innerhalb der OER sind im digitalen Raum leicht zu handhaben. Um sie zu erstellen genügen einfache Textverarbeitungen auf Computern oder Mobilgeräten, oder auch Notiz-Apps oder webgestützte Text-Editoren, die Google[4], Apple[5], Dropbox[6] und viele andere anbieten.

Sofern Texte online stehen, sind sie in aller Regel in die technische Sprache des Web, also in HTML[7] eingebunden. Dort kann man sie – technisch betrachtet – leicht kopieren und in eigene digitale Dokumente und Webseiten einsetzen. Oder man übernimmt Texte aus digitalen Dateien und Dokumenten, egal ob sie als Textdatei, als offenes PDF[8] oder in anderen Dateiformaten vorliegen.

So oder so funktioniert die digitale Übernahme in der Regel über die Zwischenablage, einer in jedem Betriebssystem integrierten Funktion. Mit ihr kann man Texte, Bilder und andere Daten in den Zwischenspeicher des Geräts „ablegen", um sie daraufhin beispielsweise in einem Programm oder einer App beziehungsweise im Zuge einer Webseitenbearbeitung einzusetzen.

Zudem gibt es Systemerweiterungen, die einen Text, den man online oder in einer App wie für die Zwischenablage ausgewählt hat, mit einem einzigen Befehl direkt als eigenständiges Textdokument speichern. Allerdings: bei manchen Webseiten, PDF-Dokumenten und E-Books[9] können Kopiersperren wirksam werden – das Ablegen in die Zwischenablage ist dann blockiert.

Textformatierungen

Beim Kopieren gilt zu beachten, dass digitale Texte mit zahlreichen Formatierungen verknüpft sind: also technisch-gestalterischen Vorgaben dazu, wie sie auf dem Bildschirm oder beim Druck erscheinen. Dazu zählen der gewählte Schrifttyp (Font)[10] und die Auszeichnungen, wie kursiv, fett, unterstrichen, durchgestrichen, aber auch die deutschen Umlaute (ä,ö,ü),Umbruch- und viele weitere Steuerzeichen. Zwar gibt es internationale Standards für das Web und Betriebssysteme, die sich auf diese versteckten Formatierungen und Sonderzeichen verstehen und sie beim Kopieren, Exportieren und Importieren korrekt übernehmen. Und doch kommt es vor, dass beim Kopieren oder auch Exportieren einige dieser Formatierungen und Zeichen verloren gehen und dann beim Einsetzen oder Importieren bestimmte Zeichen und Textabschnitte durch andere Zeichen ersetzt oder ganz anders dargestellt werden. Um das zu vermeiden, sollte man die Einstellungen in Betriebssystemen, Apps und Browsern prüfen und gegebenenfalls anpassen – soweit das möglich ist.

Das ideale OER für Texte

Es empfiehlt sich generell – insbesondere beim Umgang mit digitalen Texten über zwei oder mehr Programme oder Umgebungen hinweg – auf überbordende Formatierungen und besonderen Einstellungen weitgehend zu verzichten, die Texte diesbezüglich zu entschlacken, und sie möglichst „roh" vorzuhalten. In der Regel erfolgen zahlreiche darstellende Formatierungen erst in der finalen Publikationsumgebung, ob nun im Layout-Programm, im Redaktionssystem[11] einer Webseite oder in einer Plattform zum Erstellen digitaler Bücher und Lehrmaterialien.

Text , Grafik: Landi Kiem Lie, CC BY 4.0.

International hat sich im Web die Auszeichnungssprache Markdown[12] einen Platz als ebenso schlankes wie universales Werkzeug erobert. Markdown wird mittlerweile von zahlreichen Programmen und Redaktionssystemen unterstützt und ist vergleichsweise leicht zu lernen. So lassen sich mit Markdown durch Zusatz bestimmter Standardzeichen die wichtigsten Auszeichnungen integrieren, wie kursiv oder fett oder auch die Klassifizierung von Zwischen-/Überschriften in HTML und simple nummerierte oder Bullet Point-Listen.

Gerade für OER, wo es darum geht, dass Texte nachgenutzt, bearbeitet, erweitert, geremixed und neu kombiniert werden, können Vorformatierungen, die zu detailliert und zu komplex sind, den Arbeitsfluss stören. Beispielsweise besondere Absatzformate oder spezielle Listenformaten oder ähnliches. Hier ist weniger oft mehr, eine klare Strukturierung der Textabschnitte reicht oft aus.

Die No-Go's bei Texten

Keine exotischen Datenformate wählen, sondern Standards (.txt, .rtf, .doc, markdown)

- Keinen Kopierschutz einsetzen.
- Keine kopiergeschützten Texte integrieren.
- Lizenzhinweise nicht in hinterlegten Feldern verstecken.

Lizenzierung

Wer selbst Texte oder Textwerke verfasst und dabei keinerlei Texte oder Werke anderer nutzt – oder sie allenfalls den Zitierregeln entsprechend zitiert, siehe oben – kann eigenständig darüber entscheiden, sie unter freien Creative Commons-Lizenzen zu veröffentlichen.

Dazu muss er den Text oder das Werk an geeigneter Stelle mit einem Lizenzhinweis[13] versehen, der die erforderlichen Informationen enthält: Autor*in-Name, Werktitel und Quelle sowie die gewählte Lizenz in Kurzform und ein Link zum zugehörigen Lizenztext. Mit Quelle ist sozusagen der Lagerort gemeint, an dem das Werk niedergelegt ist: Eine Webseite mit einer fest verankerten Internet-Adresse (URL[14]), die lange Bestand hat, oder auch ein Druckwerk, das einen Titel und einen

Herausgeber haben sollte. Bei Veröffentlichungen im Digitalen sollte – wenn möglich – auch die Quelle verlinkt sein – so können interessierte Nachnutzer direkt zum Ursprung des Textes gelangen.

Wo bringe ich Lizenzhinweise an?

Als „geeignete Stelle" für den Lizenzhinweis ist das Textende zu betrachten. Ob Texte online stehen oder gedruckt werden, ob sie auf Webseiten erscheinen, die sich autodynamisch den Bildschirmabmessungen anpassen, oder auf Seiten mit festen Maßen erscheinen, stets eignet sich der Fuß des Dokuments gut.

Das entspricht den allgemeinen Lesegewohnheiten und ist auch plausibel: wer den Text durchliest und sich dann für dessen Nutzung interessiert, erfährt am Ende die Bedingungen dafür. Und wer den Text schon kennt oder überfliegt, der erwartet entsprechende Hinweise am ehesten am unteren Rand.

Zudem machen die Creative Commons-Lizenzvorschriften hier wenig Vorgaben. Vereinfacht wiedergegeben, fordern sie lediglich: Der Lizenzhinweis muss leicht auffindbar und gut sichtbar sein.

Bei längeren Texten mit vielen Kapiteln und womöglich auch vielen Fundstellen, Zitaten oder einzelnen Lizenzangaben, lassen sich die Lizenzhinweise auch am Ende eines Kapitals, als Fußnoten oder Endnoten platzieren

Man sollte aber auf keinen Fall die Lizenzhinweise an versteckten Stellen unterbringen, etwa im Alt-Text von Links (die nur bei Mouse-Over oder auf Klick sichtbar werden), denn dann würden sie oft nicht gefunden oder auch beim Kopieren des sichtbaren Textes nicht übernommen werden können. Dazu kommt, dass es dieses MouseOver (Roll-Over) bei mobilen Geräten nicht in der gleichen Form gibt.

Extra: Der „ist okay"-Standard

Es ist okay, viele Lizenzhinweise an einer zentralen Stelle unterzubringen. In digitalen Umgebungen würde also auch eine Unterseite einer Webseite funktionieren, auf der sich alle Lizenzhinweise zu einzelnen Text-Teilen gesammelt befinden – das wäre ein Äquivalent zu einem Quellenverzeichnis im Anhang eines Druckwerkes. Hier sollte aber darauf geachtet werden, dass es in der Online-Welt selten Seitenzahlen gibt, und dass man die Zuordnungen der Links zu den Textpassagen anders umsetzen muss – etwa über entsprechende Anker-Links oder auch nummerierte Links.

Offene und empfehlenswerte Tools für Texte

Produktion/Erstellung/Bearbeitung

Das Angebot an Textverarbeitungen ist groß und unübersichtlich. Wer hier zum einen davon absehen will, weit verbreitete, aber nur käuflich zu erwerbende Software zu benutzen, wie Microsoft Word oder ähnliche, und zum anderen auf freigegebene Programme mit offenem Code zugreifen will, dem stehen Alternativen zur Verfügung, wie Libre Office[15].

Web-basierte Editoren wie von Google oder Dropbox sind auf Anhieb online nutzbar, mitunter ist die Einrichtung eines Benutzerkontos erforderlich. Bei diesen und ähnlichen Textwerkzeugen ist das gemeinsame Bearbeitungen direkt online im Browser beziehungsweise in der Cloud möglich. Aber häufig müssen erweiterte Bearbeitungsfunktionen käuflich erworben werden.

Eine für Online zu stellende, direkt in Bearbeitungs-Umgebungen zu integrierende Texte eignen sich Markdown-kompatible Apps/Programme gut, wie iA Writer[16], Dillinger[17], Draft[18], StackEdit[19], WriteMonkey[20], Quiver[21], Write![22] oder Laverna[23] (siehe auch hier[24]) Sie ermöglichen, die Texte mit einfachen, gleichwohl standardisierten Auszeichnungs- und Formatierungs-Zeichen zu versehen, die wiederum von Webseiten-Bearbeitungs-Umgebungen interpretiert werden können. Beispielsweise für die Darstellung von Schrift in fett oder kursiv, oder auch die Auszeichnung von Überschriften und Zwischenüberschriften in den bekannten und weit verbreiteten Überschriften-Hierarchien.

Veröffentlichung und Nachnutzung

Wie auch für andere Inhaltsarten, eignet sich für die Erstellung eines korrekten und gut gebauten Lizenzhinweises auch bei Texten in jedem Fall der Licence Chooser[25] von Creative Commons.

Zudem bieten sich Plattformen und Werkzeuge an, die bei der Lizenzierung von Inhalten helfen, etwa tutory[26] oder H5P[27].

Kollaboration bei Texten

Dies ist ein wichtiger Punkt für Texte als OER, denn gerade bei Texten findet häufig eine Zusammenarbeit statt, die auch sehr kleinteilig sein kann. Etwa wenn in einer Gruppe die Rollen für einzelne Textabschnitte verteilt sind oder wenn mehrere Autor*innen einzelne Abschnitte nach und nach beisteuern.

Wie generell im Urheberrecht ist es möglich, dass mehrere Urheber*innen gemeinsam Rechte an einem Werk haben. Für CC-lizenzierte Inhalte gilt das auch. Allerdings müssen stets alle Beteiligten zustimmen, wenn es um die Erstlizenzierung mit CC geht oder wenn weitere nutzungsrechtliche Fragen zu klären sind.

Doch bei OER und frei lizenzierten Texten kann die kollaborative Bearbeitung auch seriell und durch Beteiligte stattfinden, die sich gar nicht kennen. So erfolgt die Kollaboration schrittweise von Nachnutzenden, daher kann es vorkommen, dass die Menge der kollaborierenden Autor*innen nach und nach wächst – was sich dann auch im Lizenzhinweis niederschlägt.

Das bekannteste Beispiel für lange Versionshistorien eines kollaborativ entstandenen Texte sind die Einträge in der Online-Enzyklopädie Wikipedia[28].

Beim kollaborativen Arbeiten an OER – wenn man Texte nachnutzt und erweitert, bearbeitet verändert, in andere Werke integriert – ist also stets darauf zu achten, dass man stets alle bisherigen Urheber*innen im Lizenzhinweis nennt. Das gehört zur Lizenzbedingung.

Hierbei ist es zwar ratsam und oft auch sinnvoll möglich, die einzelnen Teile im Gesamtwerk genau zu markieren und den Beteiligten zuzuweisen. Etwa „1. Kapitel" von x, zweites Kapitel von y, „Erläuterungen auf Seite xx von NN" usw.

Aber es ist nicht zwingend notwendig. Da man aber in den Lizenzhinweisen nicht nur den Namen der vorherigen Autor*innen sondern auch den Titel und die Quelle nennen muss (idealerweise mit Link), ließe sich hier nachvollziehen, welche Anteile von wem stammen.

Bearbeitung

Ein besonderer Vorteil von OER ist ja, dass man die offen lizenzierten Werke bearbeiten darf: Das ist für die Grundidee von OER, Wissen und Bildung leicht teilen, verbreiten und weiterentwickeln zu können, geradezu elementar. Aber es ist wichtig zu beachten, dass es bei den CC-Lizenzen verpflichtend ist, stets zu kennzeichnen, wo wer was bearbeitet hat. Es sei denn, der Text ist unter CC0 komplett freigegeben.

Es ist nicht ganz einfach zu unterscheiden zwischen einer leichten Bearbeitung, etwa kleine Anpassungen im Satzbau oder Einfügen von Erläuterungen von Fachbegriffen und sehr deutlichen Veränderungen, die beispielsweise den sprachlichen Duktus verändern oder ganze Absätze und Abschnitte streichen und so womöglich den Kontext und die inhaltlichen Darstellungen verändern.

Leider lassen sich für solche Abgrenzungen auch keine Normen aufstellen oder Richtlinien heranziehen. Das deutsche Urheberrecht kennt den Grundsatz des „Verblassens": Gemeint ist, dass eine Veränderung eines geschützten Werks dann als „freie Bearbeitung" gilt und dessen Veröffentlichung dann ohne Rechteerwerb erlaubt ist, wenn das Originalwerk hinter dem neuen Werk verblasst. Hieran kann man sich auch grob halten, wenn es um die in den Creative Commons-Lizenzen formulierte Erfordernis geht, Bearbeitungen zu kennzeichnen und mit darauf bezogener Urheberangabe zu versehen. Auch hier geht es um den Grad der Bearbeitung im Vergleich zum Ausgangswerk.

[1] https://irights.info/artikel/zitieren-im-www/7007

[2] https://creativecommons.org/licenses/?lang=de

[3] https://oerientation.hoou.tuhh.de/Inhalt/Grundlagen/OpenEducationalResources/lizenzen-von-oer.html

[4] https://de.wikipedia.org/wiki/Google

[5] https://de.wikipedia.org/wiki/Apple

[6] https://de.wikipedia.org/wiki/Dropbox

[7] https://de.wikipedia.org/wiki/Hypertext_Markup_Language

[8] https://de.wikipedia.org/wiki/Portable_Document_Format

[9] https://de.wikipedia.org/wiki/E-Book

[10] https://de.wikipedia.org/wiki/Font_(Informationstechnik)

[11] https://de.wikipedia.org/wiki/Redaktionssystem

[12] https://de.wikipedia.org/wiki/Markdown

[13] https://oerhoernchen.de/bildungsteiler

[14] https://de.wikipedia.org/wiki/Uniform_Resource_Locator

[15] https://de.wikipedia.org/wiki/LibreOffice

[16] https://ia.net/de/writer

[17] https://dillinger.io/

[18] https://draftin.com/

[19] https://stackedit.io/

[20] https://writemonkey.com/

[21] https://sourceforge.net/p/quiver/wiki/markdown_syntax/

[22] https://writeapp.co/

[23] https://laverna.cc/

[24] https://www.ionos.de/digitalguide/websites/web-entwicklung/markdown-editoren/

[25] https://creativecommons.org/choose/

[26] https://www.tutory.de/

[27] https://h5p.org/

[28] https://de.wikipedia.org/

Der Gold-Standard für Video als OER – Warum eine CC-Lizenz nicht ausreicht

Blanche Fabri

Videos sind ein sehr weit verbreitetes Format in allen Bildungsbereichen. Dass man Videos sehr gut auch als OER veröffentlichen und bereitstellen kann, ist noch nicht allgemein bekannt. Dabei lassen sich Videoformate sehr gut weiterbearbeiten und nachnutzen, wenn sie unter einer freien Lizenz zur Verfügung stehen. Wie Videos optimal als OER geteilt werden können, beschreibt Blanche Fabri in ihrem Beitrag zum Gold-Standard für OER.

Der Gold-Standard für Video als OER, Grafik: Jula Henke, Agentur J&K – Jöran und Konsorten für OERinfo, Informationsstelle OER, CC BY 4.0.

Einleitung

Im Bildungskontext ist das Format Video sehr beliebt, um Themen und Wissen zu vermitteln. Von einfachen Anleitungen via Screencast über Interviews bis hin zu Reportagen oder Erklärvideos ist alles denkbar.

Videos als OER bilden allerdings oft noch eine Randerscheinung. Manchmal werden sie unter einer CC-Lizenz veröffentlicht. Das ist gut. Warum das im Sinne eines OER-Gold-Standards (vgl. S. 3) noch nicht ausreicht und was man dafür tun muss, um Videos als perfekte OER zu erstellen und zu veröffentlichen, erklärt dieser Artikel.

Das Format als OER

Besonderheiten

„Open Educational Resources (OER) sind jegliche Arten von Lehr-Lern-Materialien, die gemeinfrei oder mit einer freien Lizenz bereitgestellt werden. Das Wesen dieser offenen Materialien liegt darin, dass jedermann sie legal und kostenfrei **vervielfältigen**, **verwenden**, **verändern** und **verbreiten** kann". Soweit die Definition[1].

Equipment für Videoproduktion und Post-Produktion, Foto: Blanche Fabri, CC BY 4.0.

Bei Videos gibt es dabei besondere Herausforderungen. Die Punkte „Vervielfältigen", „Verwenden" und „Verbreiten" bieten schon einige Fallstricke, noch schwieriger wird es beim Thema „Verändern".

Warum ist das so?

Dazu müssen wir uns etwas genauer anschauen, wie Videos produziert werden.

Ein Video besteht aus verschiedenen Elementen. Beispielsweise:

- Videomaterial
- Tonmaterial
- Musik
- Bilder und Grafiken
- Texte und weitere Einblendungen
- Übergänge und Effekte

Die Elemente werden auf unterschiedlichen Spuren parallel zueinander angeordnet, können dann bearbeitet und in einer sogenannten *Projektdatei* gespeichert werden. Abschließend exportiert man aus all den Spuren eine Video-Datei, die mit einem Videoplayer oder im Browser abspielbar ist. Für die Bearbeitung und den Export braucht es eine Videoschnittsoftware.

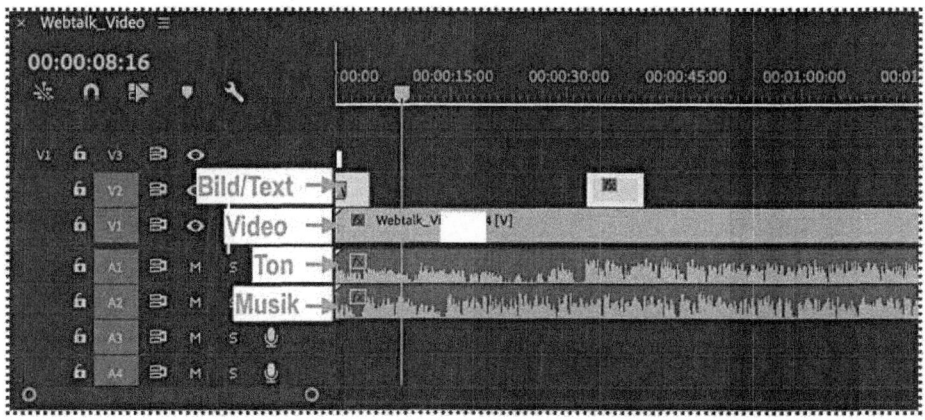

Screenshot Videoschnittsoftware, nicht unter freier Lizenz.

Nun muss man drei Dinge beachten:

1. **Material und Lizenzauswahl:** Achtung bei der Auswahl des Materials, das man verwenden möchte, denn bei einem Video handelt es sich IMMER um eine Vermischung des Materials. Die unterschiedlichen Elemente können im Sinne einer Lizenz nicht einzeln für sich stehen.

   > Ein Beispiel: *Das Rohmaterial wurde von uns selbst produziert und mit einer CC-BY-Lizenz versehen. Nun haben wir aus einer Musikdatenbank eine gute Hintergrundmusik gefunden, der Clip steht unter „CC BY-SA". Binden wir diese Musik in unserem Video ein, „infiziert" die Lizenz unser ganzes Video. Das bedeutet, dass wir das gesamte Video unter „CC BY-SA" stellen müssen, auch wenn unser Rohmaterial unter „CC BY" steht. Genauso ist es mit Bildern und weiteren Clips, die wir einbinden möchten.*

   > Anders als bei anderen Formaten, beispielsweise Artikeln, wo ein Text unter einer Lizenz und ein Bild unter einer anderen Lizenz veröffentlicht werden kann, funktioniert das bei einem Video so nicht. Hier wirkt sich ein – und sei es auch kleines – Element mit restriktiven Auflagen auf das komplette Video aus.

2. **Video-Format des fertigen Videos:** Wenn man bei einem Video von Format spricht, ist meist der Container gemeint. Dieser Container findet sich auch in der Endung einer Datei wieder, im sogenannten Suffix. In diesem Container lagern dann alle Informationen zum Video (Videostream, Audiostream, Metadaten). Beim Export des Videos sollte man auf ein Video-Format zurückgreifen, das eine möglichst große Offenheit bietet. Der gängigste Container für Videos ist MP4[2], weitere offene Formate sind Ogg[3] oder WebM[4].

3. **Bearbeitbarkeit des Videos:** Lädt man ein Video in eine Schnittsoftware, erhält man nur zwei Spuren: eine Video-Spur und eine Audio-Spur. Auf die verschiedenen Elemente wie beispielsweise Musik, weitere Töne und Bilder kann dann nicht mehr so einfach zugegriffen und diese können dann auch nicht bearbeitet werden. (Es ist wie bei einem Kuchen, der nicht einfach in seine Zutaten zerlegt werden kann.)

Wenn nun ein Video, mitsamt aller Spuren, also mit allen Elementen, bearbeiten werden soll, braucht es die Projektdatei, mit der das Video erstellt wurde und diese Datei muss auch geöffnet werden können. Das klingt trivial, ist es aber nicht. Denn die Projektdatei lässt sich in der Regel nur mit der Software öffnen, mit der sie erstellt wurde. Für eine größtmögliche Offenheit braucht es also zum einen überhaupt einmal die Bereitstellung dieser Projektdatei (und des dazugehörigen Materials, die Quelldaten) und zum anderen die Möglichkeit diese Datei auch öffnen und damit nutzen zu können. Projekte, die beispielsweise mit dem MovieMaker[5] oder iMovie[6] oder Adobe Premiere[7] erstellt wurden, lassen sich dann auch nur mit diesen Programmen wieder zum Bearbeiten öffnen. Proprietäre Software sollte deshalb vermieden (weil sie eben nicht von jeder Person genutzt werden kann) und Open-Source-Software genutzt werden.

Das ideale OER für mein Format sieht so aus:

- Sämtliches Material (selbst produziertes und Fremdmaterial) steht unter einer offenen Lizenz.
- Für das Video wurde ein offenes Dateiformat gewählt.
- Für die Postproduktion wurde ein Open-Source-Schnittprogramm benutzt und so eine Projektdatei erstellt, die für alle zugänglich ist.
- Die Lizenz wurde nach der TULLU-Regel[8] im Abspann des Videos eingebaut. Alle verwendeten Elemente wurden aufgeführt und Links wurden ausgeschrieben.
- Das Video samt Quelldateien (Projektdatei und Material) steht zum Download bereit.
- Das Video wurde barrierefrei produziert.

Die No-Go's bei Video als OER

- Die Lizenzierung von Fremdmaterial zu ignorieren.
- Ein Video ganz ohne Lizenzangaben im Abspann zu veröffentlichen.
- Quelldateien zum Video nicht bereitzustellen.

Lizenzierung

Auch in einem Video muss man einen Lizenzhinweis anbringen. Dies kann zum Ersten im Abspann des Videos geschehen. Wichtig ist, dass man dort alle verwendeten (und lizenzpflichtigen) Elemente aus dem Video einzeln aufführt. Als Eselsbrücke hilft die TULLU-Regel. Da in einem Video Links nicht anklickbar sind, müssen die Links ausgeschrieben sein. Und so kann das aussehen:

> *Dieses Video steht unter der Lizenz CC BY 4.0.*
> *https://creativecommons.org/licenses/by/4.0/*
> *Titel: Mustervideo für OER*
> *Urheber: Paula OERe*
> *Ursprung: www.oerinfo.de/musterrvideo/*

Da eine Maschinenlesbarkeit der Lizenz (noch) nicht bei jedem Videoformat möglich ist, sollte man unbedingt in den Begleitprodukten (Artikel oder Beschreibungen) die Lizenz nochmals nennen und richtig ausschreiben. Das Wichtigste dabei ist die "rel"="license"-Angabe, beispielsweise so:

```
<a rel="license"
href="https://creativecommons.org/licenses/by/4.0/legalcode" target
="_blank">CC BY 4.0</a>
```

Weitere Informationen dazu finden sich auf https://oerhoernchen.de/.

Offene und empfehlenswerte Tools für mein Format

Produktion/Erstellung/Bearbeitung

Um ein Video zu erstellen braucht es eine Videoschnittsoftware. Dort kann man dann die verschiedenen Elemente (Rohmaterial, Ton, Musik, Bilder etc.) zusammenfügen und bearbeiten. Seit einigen Jahren gibt es sehr gute Schnittprogramme im Open-Source-Bereich. Hier eine kleine Auswahl:

- OpenShot[9] (Linux, MacOS, Windows): einfaches Tool, gut für Einsteiger*innen
- Shotcut[10] (Linux, MacOS, Windows): umfangreiches Tool, bringt viele Funktionen mit
- Olive[11] (Linux, MacOS, Windows): befindet sich noch im Alpha-Stadium
- kdenlive[12] (Linux, MacOS): richtet sich vor allem an die Linux-Community
- NATRON[13] (Linux, MacOS, Windows): für optische Effekte
- Blender[14] (Linux, MacOS, Windows): für 3D Animationen / Grafiken

Vor der Finalisierung des Videos – möglichst schon zu Beginn eines Projektes – sollten folgende Dinge geklärt sein:

- Unter welcher Lizenz soll das Video veröffentlicht werden?
- In welcher Weise soll die Namensnennung erfolgen?
- Wer ist berechtigt, die Lizenz zu erteilen?
- Um ein Werk zu lizenzieren, dürfen nicht die Rechte Dritter verletzt werden. Das bedeutet, dass Du der/die alleinige Urheber*in sein musst. Außerdem ist zu prüfen, ob beispielsweise bei einem Werk, das beruflich erstellt wurde, auch Rechte des Arbeitgebers betroffen sind.
- Jenseits vom Thema OER, sollte geklärt sein, ob alle notwendigen Genehmigungen (beispielsweise Einverständniserklärungen der Protagonist*innen, Drehgenehmigungen) vorliegen.

Barrierefreie Videos

So geht es:

- Untertitel: Untertitel sind nicht nur für gehörlose Menschen wichtig, sondern auch hilfreich für Nicht-Muttersprachler*innen und Menschen, die in Bus und Bahn unterwegs sind.

- Audiodeskription: eine Audiodeskription erklärt in einem Video die Inhalte, die rein visuell wiedergegeben werden. Sie ist eine zusätzliche Tonspur zu einem Video. Als Light-Variante könnte man beispielsweise einfach den Vor- und Abspann vorlesen.

- Gebärdensprache: Untertitel sind gut, eine Übersetzung in Gebärdensprache ist noch besser. Für Gehörlose ist dies die Muttersprache und lässt sich dadurch angenehmer verstehen. Außerdem folgt sie einer anderen Grammatik und Struktur als Untertitel.

- Leichte Sprache: Videos sollte auch in leichte Sprache übersetzt werden. Dies kann entweder über Untertitel oder Audiokommentar erfolgen oder als zweite Variante eines Videos produziert werden.

- Webplayer: damit auch alle Varianten eines Videos nutzbar sind, braucht es einen geeigneten Player bei dem man zwischen den Versionen wählen kann.

Nachdem das Video fertig geschnitten ist, muss man nun noch die notwendigen Angaben im Abspann aufführen (siehe auch Abschnitt Lizenzierung) [ANKER]. Anschließend exportiert man das Video in einem offenen Format (beispielsweise MP4, Ogg oder WebM).

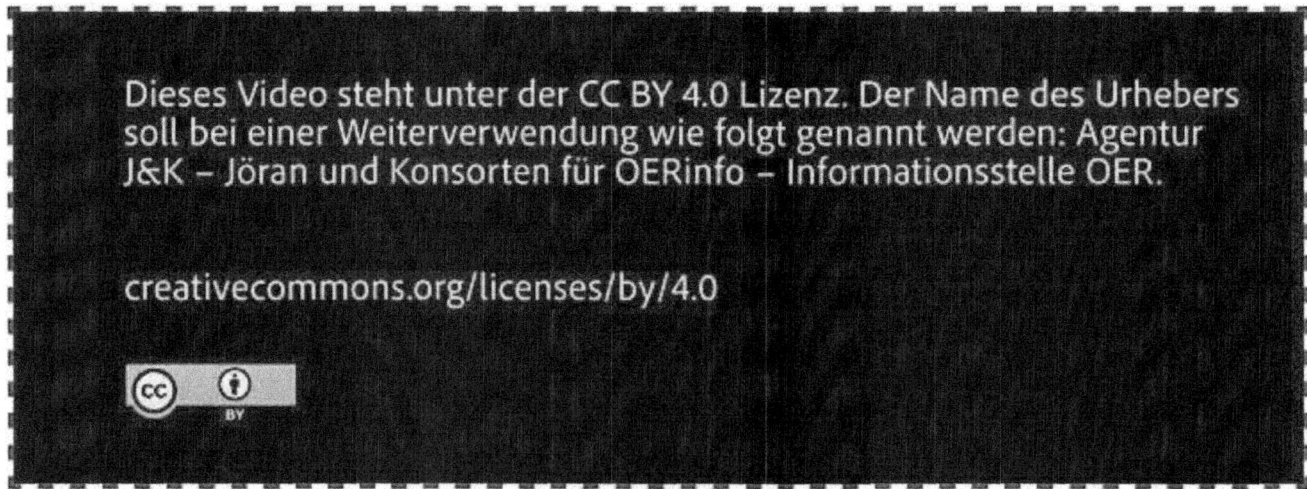

Abspanntext für Video für Creative Commons Lizenzhinweis, CC BY 4.0.

Veröffentlichung

Das fertige Video kann nun auf einer Videoplattform wie YouTube oder Vimeo oder auf dem eigenen Server hochgeladen werden. Falls eine Videoplattform für die Veröffentlichung genutzt wird, sollte das Video unbedingt gut beschrieben sein:

- Aussagekräftiger Titel
- Kurze Inhaltsbeschreibung
- Aussagekräftige Schlagworte
- Nennung der Protagonist*innen
- Ggf. Nennung genutzter Software
- Nennung der Lizenz

Zusätzlich zur Videodatei sollten die Quelldateien bereitgestellt werden, nur dann kann das Video auch im Nachhinein verändert werden. Diese Daten kann man entweder auf der eigenen Website einstellen oder auf Plattformen wie beispielsweise GitHub[15] hochladen. Den Link zu den Quelldateien stellt man dann mit in die Beschreibung des Videos.

Was gehört alles zu den Quelldaten?

- Projektdatei der Schnittsoftware
- Rohmaterial
- Audiomaterial
- Musikclips
- Bilder und Grafiken
- „Beipackzettel" mit allen Angaben die im Abspann stehen und ggf. weiteren Hinweisen

Nachnutzung

Hat man nun das Video unter einer freien Lizenz in einem offenen Format und mit den Quelldateien bereitgestellt, ist der Gold-Standard erreicht.

Für eine optimale Nachnutzung sollte das Video inkl. Materialien zum Download bereitgestellt und der Embed-Code zum Einbinden auf Websites angeboten werden. Hilfreich ist es auch, die Unterlagen der Videoproduktion bereit zu stellen. Hierbei bieten sich beispielsweise folgende Materialien an:

- „Dispo" (Drehplanung)
- Drehbuch
- Schnittlisten
- Storyboard

(Damit wäre ein „Platin-Standard" erreicht, der noch über den Gold-Standard hinaus reicht.)

---

[1] https://open-educational-resources.de/unesco-definition-zu-oer-deutsch
[2] https://de.wikipedia.org/wiki/MP4
[3] https://de.wikipedia.org/wiki/Ogg
[4] https://de.wikipedia.org/wiki/WebM
[5] https://de.wikipedia.org/wiki/Windows_Movie_Maker
[6] https://de.wikipedia.org/wiki/IMovie
[7] https://de.wikipedia.org/wiki/Adobe_Premiere
[8] https://open-educational-resources.de/oer-tullu-regel/
[9] https://www.openshot.org/
[10] https://shotcut.org/
[11] https://www.olivevideoeditor.org/
[12] https://kdenlive.org/en/

[13] https://natrongithub.github.io/
[14] https://www.blender.org/
[15] https://github.com/

Danksagung

Unser Dank für die Ermöglichung dieses Buchs geht natürlich an die Autorinnen und Autoren, mit denen die Zusammenarbeit sowohl inhaltlich höchst anregend als auch menschlich eine Freude war! Außerdem danken wir Jula Henke für die Grafiken, Nurhan Koruca für die Herstellungsleitung, Phuong Nguyen für die technische Bearbeitung, Jessica Flecks für die Mitarbeit, Kristin Hirschmann für die Zusammenarbeit mit den OERcamps, Sigrid Fahrer für die Zusammenarbeit mit OERinfo.

Blanche Fabri, Gabi Fahrenkrog, Jöran Muuß-Merholz, Dezember 2020

Zur Nachnutzung und zur Rolle von OERinfo und OERcamps

Informationsstelle OER – OER info, CC0 1.0.

Logo Informationsstelle OER – OER info, CC0 (https://creativecommons.org/publicdomain/zero/1.0/legalcode)

Die Artikel wurden im Auftrag von OERinfo, der Informationsstelle für OER geschrieben und zwischen August und Oktober 2020 im Blog auf https://open-educational-resources.de/blog/ veröffentlicht. OERinfo ist ein Projekt am DIPF | Leibniz-Institut für Bildungsforschung und Bildungsinformation, gefördert vom Bundesministerium für Bildung und Forschung (BMBF). Die Inhalte im Blog werden durch die Agentur J&K – Jöran und Konsorten GmbH & Co KG umgesetzt.

Dieses Buch selbst ist kein Produkt von OERinfo, sondern wurde vom Team der Agentur J&K – Jöran und Konsorten GmbH & Co KG in Kooperation mit dem Verlag ZLL21 e.V. eigenständig umgesetzt. Diese Nachnutzung wird ermöglicht durch die freie Lizenz der erstellten Inhalte. **Diese Lizenz erlaubt es jedermann – auch Ihnen! – die Inhalte zu verwahren und vervielfältigen, verwenden, verarbeiten, vermischen und verbreiten.** OERinfo und das BMBF haben keine direkte Rolle bei der Erstellung des Buches gespielt.

OERcamp, CC0 1.0.

Die OERcamps sind seit 2012 Treffen zu digitalen und offene Lehr-Lern-Materialien. Die Autor*innen in diesem Buch waren mehrheitlich als Coaches bei den OERcamps engagiert. In ungezählten Workshops und Barcamp-Sessions haben sie ihr Wissen nicht nur weitergegeben, sondern auch ständig weiter geschärft und mit Praxisprojekten abgeglichen. Die Gold-Standards werden bei zukünftigen OERcamps als hilfreiches Material für die Teilnehmende weitergegeben – und weiterentwickelt werden können.

Die Autor*innen

Daniel Behnke

Daniel Behnke konzipiert und gestaltet Lernangebote für Schulen und Hochschulen. Als Educational Designer befasst er sich u. a. mit Educational Game Design, Game-Based Learning und Gameful & Playful Learning (Gamification). Als Lehrer für Englisch und Geschichte hat er unterschiedliche GBL-Methoden im Unterricht erprobt. Er bloggt zu diesen Themen auf digital-spielend-lernen.de[1].

Chris Dies

Chris Dies ist Mediengestalter Bild und Ton und hat als Cutter und Kameramann an zahlreichen Video- und Filmproduktionen mitgewirkt. Neben einer mehrjährigen Station auf See, wo er Reisefilme produzierte, konnte Chris Dies in der Agentur J&K – Jöran und Konsorten, u.a. über die Produktion von Podcasts und Videos, in die Welt von OER eintauchen.

Blanche Fabri

Blanche Fabri hat in Hamburg Medienkultur und politische Wissenschaften studiert. Sie ist Geschäftsführerin der Bildungsagentur J&K – Jöran und Konsorten die sich u.a. mit Lernen in der digitalen Welt beschäftigt. Ein Schwerpunkt von Blanches Arbeit liegt im Bereich Medienproduktion. Sie konzipiert und setzt vom Live-Stream, über Webinare bis hin zu klassischen Video-Produktionen unterschiedlichste Formate um.

Gabi Fahrenkrog

Gabi Fahrenkrog ist Bibliotheks- und Informationswissenschaftlerin. Von 2016 bis 2020 war sie in der Agentur J&K – Jöran und Konsorten für die Blogredaktion von OERinfo – Informationsstelle OER verantwortlich. Sie denkt, organisiert, schreibt, konzipiert, veranstaltet und podcastet in unterschiedlichen Projekten und zu allerlei Themen mit Open-Bezug.

Sigrid Fahrer

Dr. Sigrid Fahrer ist wissenschaftliche Mitarbeiterin beim DIPF. Am Deutschen Bildungsserver koordiniert sie die Informationsstelle OERinfo und versucht, neue Zielgruppen für OER zu begeistern. Davor hat sie lange in der Leseförderung gearbeitet mit dem Schwerpunkt, Lesen und digitale Medien zusammenzubringen. Nebenher macht sie alles mögliche, u.a. Webdesign, ist Mitglied einer Jugendbuch-Jury und Dozentin an der Johannes Gutenberg-Universität Mainz.

Susanne Friz

Dr. Susanne Friz ist Referentin für Mediendienste und Projekte des FWU Institut für Film und Bild in Wissenschaft und Unterricht. Sie betreut(e) verschiedene Projekte - sowohl nationale vom BMBF geförderte als auch internationale von der EU - u.a. LOERn, OERinfo, OER.schule, EHISTO. Im Zuge ihrer Tätigkeit arbeitet sie im Redaktions-Team der offenen Bildungsmediathek der Länder mundo.schule[2] mit.

Richard Heinen

Mediendidaktiker und Schulentwickler – Richard Heinen unterstützt mit dem learninglab.de Schulen, Schulträger und andere Bildungseinrichtungen den digitalen Wandel in allen Bereichen der Organisationsentwicklung zu gestalten, angefangen bei der Technologieentwicklung, über die Personalentwicklung bis zu Lern- und Unterrichtsentwicklung.

Lambert Heller

Lambert Heller leitet das Open Science Lab an der TIB in Hannover (https://tib.eu/Lambo). In seinen Projekten, Publikationen und Tweets (https://twitter.com/Lambo) beschäftigt er sich mit der digitalen Öffnung von Forschung, Bildung und Kultur, und insbesondere mit neuen partizipativen Formaten wie Book Sprints, sowie der sich wandelnden Rolle von Bibliotheken und anderen Institutionen.

Nele Hirsch

Nele Hirsch ist Bildungswissenschaftlerin. Sie unterstützt Schulen, Hochschulen und zivilgesellschaftliche Bildungsakteur*innen bei der Konzeption und Realisierung von zeitgemäßen Formaten zum Lehren und Lernen. Weitere Informationen zu ihrer Person und ihren Aktivitäten findet man auf der Website ebildungslabor.de

Christina König

Christina König ist als Medienreferentin beim FWU Institut für Film und Bild tätig. Mehrere Jahre konzipierte und realisierte sie Unterrichtsfilme für Geschichte, Kunst und Musik. Seit 2016 wirkt sie als Redakteurin bei Aufbau und Betrieb von OERinfo mit und ist an weiteren Projekten des FWU zur Verbreitung digitaler Medien für die Schule beteiligt, bspw. oer.schule[3], Sodix[4] **und** mundo[5].

Anja Lorenz

Anja (https://secret-cow-level.de/) ist Medieninformatikerin und baut offene Online-Kurse (MOOCs) für die Technische Hochschule Lübeck. Sie ist im Vorstand des EduCamp e.V. (https://educamps.org/), Mitglied im FabLab Lübeck e.V. (https://www.fablab-luebeck.de/) und im Bündnis Freie Bildung (https://buendnis-freie-bildung.de/), außerdem 50% des Podcasts Bildung-

Alt-Entfernen (https://bldg-alt-entf.de/) und 25% von The Real Geschnatter (https://geschnatter.tv/).

Jöran Muuß-Merholz

Jöran Muuß-Merholz ist Diplom-Pädagoge. Er denkt, schreibt und spricht über den Wandel von Bildung und Lernen, v.a. im deutschsprachigen Raum, aber auch in Boston und Brno, Cape Town und London, Stockholm und Tokio. Seine Agentur J&K – Jöran und Konsorten ist spezialisiert auf Konferenzen und Unkonferenzen, Online-Fortbildungen und Bücher.

Kristin Narr

Kristin Narr konzipiert zeitgemäße Bildungsangebote und führt Projekte mit medienpädagogischem Fokus für Kinder, Jugendliche und Erwachsene durch. Sie hat sich viel mit Open Educational Resources (OER) in eigenen Workshops, Vorträgen, Publikationen beschäftigt, hat Bücher zum (medien-)pädagogischen Making geschrieben und mitherausgeben und ist für die Maker Days for Kids in Leipzig verantwortlich.

Kai Obermüller

Kai Obermüller studierte Lehramt für Mathematik und Chemie. Schon während seiner Kindheit hat er leidenschaftlich gerne gebastelt, und eigentlich hat er damit nicht mehr aufgehört. Mittlerweile macht er "irgendwas mit Technik" – und kombiniert nun Technik mit Basteln, denn er ist Mitglied im FabLab Lübeck und hat die Lizenz zum Lasern.

Henry Steinhau

Henry Steinhau ist beim Think Tank iRights.Lab im Team Forschung & Projekte und Redakteur bei iRights.info[6]. Der Journalist ist seit langem in der Fort- und Weiterbildung aktiv und gibt sein Wissen zu Urheberrecht, freien Lizenzen, OER und Medien in Seminaren, Workshops und Vorträgen weiter. Er arbeitete als Autor, Redakteur und Chefredakteur für Zeitungen, Stadt- und Special Interest-Magazine.

Oliver Tacke

Oliver ist IT-Freelancer rund um die Software H5P (https://snordian.de), 50% des Podcasts Bildung-Alt-Entfernen (https://bldg-alt-entf.de), und er hat im Netz so viele Spuren hinterlassen, dass man bei Bedarf über https://www.google.de/search?q=%22Oliver+Tacke%22 allerlei Informationen finden dürfte.

[1] http://digital-spielend-lernen.de/

[2] https://mundo.schule/

[3] https://oer.schule/

[4] https://www.sodix.de/

[5] https://cp.sodis.de/mundo

[6] http://irights.info/

Bücher bei ZLL21 – der Verlag

Die vier Dimensionen der Bildung. Was Schülerinnen und Schüler im 21. Jahrhundert lernen müssen

Charles Fadel, Maya Bialik, Bernie Trilling, Deutsche Übersetzung von Jöran Muuß-Merholz

2017 | ISBN 978-3-9818942-0-2

Cape Town Open Education Declaration zum 10. Jahrestag

Zehn Richtungen, um Open Education voran zu bringen

Deutsche Übersetzung von Jöran Muuß-Merholz

2018 | ISBN 978-3981894226

OER Atlas 2017

Open Educational Resources – Deutschsprachige Angebote und Projekte im Überblick

Jan Neumann und Jöran Muuß-Merholz

2017 | Download-Link (PDF): https://open-educational-resources.de/wp-content/uploads/20171213-OER-Atlas-Screen.pdf

Digitale Schule: Was heute schon im Unterricht geht

Was heute schon im Unterricht geht

Jöran Muuß-Merholz

2019 | ISBN 978-9463869089

Chancen und Herausforderungen staatlich finanzierter, frei verfügbarer Bildungsmaterialien (OER) am Beispiel der Plattform ndla.no in Norwegen – ein Weg zu mehr Inklusion?

Frank J. Müller

2019 | ISBN 978-3-9818942-4-0

„Routenplaner #Digitale Bildung

Auf dem Weg zu zeitgemäßem Lernen. Eine Orientierungshilfe im Digitalen Wandel.

Axel Krommer, Martin Lindner, Dejan Mihajlović, Jöran Muuß-Merholz und Philippe Wampfler. Mit Beiträgen von Kathrin Passig und Lisa Rosa.

2019 | ISBN 978-9-463865-3-3

Der Gold-Standard für OER-Materialien

ein Kompendium für die professionelle Erstellung von Open Educational Resources (OER)

Blanche Fabri, Gabi Fahrenkrog, Jöran Muuß-Merholz (Hrsg.)

2021 | ISBN 978-9-4036139-8-7

Der Verlag

ZLL21 – der Verlag wurde 2017 ins Leben gerufen, um unabhängig und nicht-kommerziell zu Themen des Lernens und Lehrens im 21. Jahrhundert zu publizieren.

Damit das ehrenamtlich arbeitende Team sich voll auf die Koordination der inhaltlichen Arbeit konzentrieren kann, werden alle Aufgaben rund um Produktion, Distribution, Verkauf etc. bewusst schlank gehalten bzw. an Dienstleister ausgelagert. Das ist der Grund, warum die Bücher teilweise ausschließlich über amazon.de und/oder PoD-Bestellungen zu beziehen sind.

Die Preise sind so kalkuliert, dass beim Verein kein Gewinn verbleibt, nachdem Händler, Dienstleister, Plattformen etc. ihren Anteil vom Verkaufspreis einbehalten werden. In der Regel wird dafür der niedrigst mögliche Preis für den Verkauf angesetzt. (Das ist auch der Grund, warum die E-Books teilweise um Größenordnungen günstiger sind.)

Die Autor*innen erzielen keine Einnahmen aus den Verkäufen. Wenn möglich, werden die Inhalte im Sinne von Open Educational Resources (OER) unter einer freien Lizenz veröffentlicht.

Der Verein

Der Verlag wird von einem gemeinnützigen Verein getragen: ZLL21 e.V. – die Zentralstelle für Lernen und Lehren im 21. Jahrhundert. ZLL21 ist ein Think-and-Do-Tank, der sich der aktiven und kritischen Auseinandersetzung mit den enormen Herausforderungen verschrieben hat, die Gegenwart und Zukunft an eine Neugestaltung von Lernen und Lehren stellen.

Das Verlagsangebot befindet sich im Aufbau. Bitte senden Sie uns keine Manuskripte zu, danke! Bei Fragen steht Ihnen Blanche Fabri, Vorstandsvorsitzende von ZLL21 e.V. via E-Mail verlag@zll21.de gerne zur Verfügung.